Den Großteil seiner Kindheit verbrachte THiLO in der elterlichen Buchhandlung. Anschließend schaute er sich in Afrika, Asien und Mittelamerika um, bevor er mit Freunden als Kabarett-Trio ›Die Motzbrocken‹ durch die Lande zog. Heute lebt THiLO mit seiner Frau und vier Kindern in Mainz und schreibt neben seinen Romanen Geschichten und Drehbücher u. a. für ›Siebenstein‹, ›Sesamstraße‹, ›Schloss Einstein‹ und ›Bibi Blocksberg‹.

Weitere Informationen zum Kinder- und Jugendbuchprogramm der S. Fischer Verlage, auch zu E-Book-Ausgaben, gibt es bei *www.fischerverlage.de*

THiLO

Die furchtlose Elf

Ohne Fußball geht gar nichts

FISCHER Taschenbuch

MIX
Papier aus verantwortungsvollen Quellen
FSC® C083411
www.fsc.org

Erschienen bei FISCHER Taschenbuch
Frankfurt am Main, April 2014

Kapitelvignette: Jan Birck
Satz: Pinkuin Satz und Datentechnik, Berlin
Druck und Bindung: CPI books GmbH, Leck
Printed in Germany
ISBN 978-3-596-81240-0

Inhalt

Anpfiff

Der Jubel der 100 000 Fans im Stadion war ohrenbetäubend. Tom war von seinem giftigen Gegenspieler brutal von den Beinen geholt worden, und der Schiedsrichter gab ihm einen Freistoß.

Tom legte den Ball auf den Rasen und streichelte ihn verschwörerisch. Sie waren Freunde, der Ball und er. Tom kniff die Augen zusammen und atmete tief ein. Zeit, euch für das Eintrittsgeld zu entschädigen, schoss es ihm durch den Kopf. Als hätten sie seine Gedanken gehört, hielten die Fans gespannt den Atem an. Tom fixierte die Mauer der Gegner. Er lachte leise. Sie würden ihm keine Schwierigkeiten bei seinem neuesten Trick bereiten. Dann nahm er einen Schritt Anlauf und ließ den Ball in die Mauer krachen. Wie er es vorausberechnet hatte, prallte die Lederkugel seitlich vom Bein eines Gegners ab. Er sprintete hinterher, nahm sie mit dem Außenrist seines stärkeren rechten Fußes an, schlug geschickt einen Haken, umdribbelte einen Gegner nach dem anderen – und schob den Ball, unhaltbar für den bärenstarken Torwart, ins Netz.

»Tor! Tor! Tor!«, jubelte Tom.

Er fiel auf die Knie und reckte die Hände in die Luft. »Tor! Tor! Tor!«, jubelten auch die Zuschauer.

Was für ein Triumph! Soeben war Tom, dem Spielmacher von Real Madrid, mit einem Kunstschuss das entscheidende 1:0 im Finale der Champions League gelungen. Aus den Händen der englischen Königin nahm er gelassen den Pokal entgegen und hob ihn über seinen Kopf. Die Massen im Stadion grölten.

»Gibt es irgendeinen Grund, warum du den Gartenzwerg hoch hältst?«

Eine piepsige Stimme holte Tom in die Wirklichkeit zurück. Das Jubeln der Massen verwandelte sich wieder in das Zwitschern der Vögel, das Rascheln der Blätter und die überlaute Rap-Musik aus einem vorbeidonnernden Auto. Aus den gefährlichen Fußballern wurden Spaten und Laubrechen, das Tor zu einem Eimer und der bärenstarke Torwart zu einer Harke mit verrosteten Zähnen.

Hannes blieb leider, was er war, nämlich Toms sechsjähriger Bruder. Ausgerechnet diese Nervensäge musste ihm den schönen Traum vermiesen!

Verwirrt stellte Tom den Pokal der Champions League wieder zwischen die Rosen und drückte ihm seine Schubkarre in die kleine Gipshand.

»Ich wollte ihm eben auch mal die Dachrinne von oben zeigen!«, antwortete er beiläufig. Der Nachmittag war zu wichtig, um ihn sich durch eine unnötige Diskussion mit seinem Nervbruder kaputtmachen zu lassen.

Tom sah auf die Uhr. Es war höchste Zeit! Schnell holte er den Ball aus dem Eimer, stopfte ihn in seine Sporttasche und machte sich auf seinem Skateboard davon.

Endlich! Endlich war der Moment gekommen, den Tom seit sieben Wochen so sehr herbeigesehnt hatte. Eine halbe Ewigkeit schien vergangen zu sein, seit ihm seine ehemalige Klassenlehrerin das Abschlusszeugnis und eine Rose überreicht hatte und er zum letzten Mal die Stufen der Grundschule hinuntergestiegen war. Nun waren die Sommerferien und ein langweiliger Italienurlaub vorbei, und er ging schon seit fünf Tagen in die Klasse 5a der Schule am Römerwall. Jetzt hatte er spannende Fächer wie Englisch und Erdkunde, Biologie, Physik und Chemie, und fast jede Stunde unterrichtete ein anderer Lehrer. Doch all das war nicht der Grund, warum er der neuen Schule den ganzen Sommer über entgegengefiebert hatte.

Das Beste war zweifelsohne der Freitagnachmittag. Mit gelbem Neonstift hatte er den Termin auf seinem Stundenplan umkringelt: 14–16 Uhr Fußball-AG.

Tom wischte sich seine langen blonden Haare aus dem Gesicht und blinzelte in den Himmel. Es war ein ungewöhnlich heißer Nachmittag, selbst für August.

Eigentlich zu heiß zum Kicken, dachte er. Nein, verbesserte er sich schnell, und er lächelte genießerisch. Nein, für Fußball war es nie zu heiß!

Auch in der Bundesliga wurde ja schon seit drei Wochen wieder gespielt, und die Stadien platzten aus allen Nähten. Kein einziger Star beschwerte sich über das Wetter, also würde Tom das auch nicht tun. Schließlich war er ja fast schon Profi, jetzt, da er regelmäßig zum Training bei einem richtigen Trainer gehen würde. Vorbei die Tage, an denen er zu Hause im mickrigen Vorgarten kicken musste.

Gelassen fuhr Tom weiter und bog mit hohem Tempo in die Fußgängerzone ein, die bei dem Wetter von Menschen nur so wimmelte.

Im Gewühl vor Dinos Eisdiele entdeckte er zwei Jungen in Fußballkleidung, eindeutig seine Klassenkameraden Nick und Tarek. Die Zwillinge sahen sich so ähnlich, dass jeder Gegenspieler zwangsläufig an seinem Verstand zweifelte, wenn die beiden gemeinsam auf ihn zustürmten. Tom hatte keine Mühe, sie auseinanderzuhalten. Schon in der Grundschule waren alle drei unzertrennlich gewesen, denn sie verband dieselbe Leidenschaft: Nick und Tarek waren genauso fußballverrückt wie er.

Und sie können ab und zu einen kleinen Scherz vertragen, dachte Tom. Er nahm Anschwung, zog das Board im richtigen Moment hoch, rutschte über das Eisengeländer einer kurzen Betontreppe und legte vor Nick eine Vollbremsung hin.

»Mensch, Tom!«, schimpfte Nick gleich los. »Spar dir deine Kunststücke für den Zirkus! Wenn meinem wertvollen rechten Fuß was passiert, kann ich die ganze Fußball-AG vergessen!«

Tom legte seine Arme versöhnlich um die Schultern seiner Freunde.

»Schleckt mal lieber ein bisschen schneller!«, spornte er die beiden an. »Oder wollt ihr mit Eistüte auf den Platz?«

»Nee, ganz bestimmt nicht!«, antwortete Tarek und leckte noch einmal über das grellblaue Eis.

Für die Zwillinge gab es nur zwei Arten von Schuhen, wie sie Tom einmal erklärt hatten. Feine Schuhe für Tantenbesuche und Schule, und Fußballschuhe für sonst immer.

Mit klappernden Stollen stiefelten sie jetzt über die Pflastersteine zu den Fahrrädern, schwangen sich auf die Sättel und strampelten los, jeder nur eine Hand am Lenker. Tom stellte sich auf sein Board, hob den Arm, rief »Taxi!« und hielt sich an Tareks Gepäckträger fest. Gemeinsam rauschten sie ihrem ersten Training entgegen.

Tom war, als pochte sein Herz vor lauter Vorfreude doppelt so schnell wie sonst. Diese Freude musste er in die Welt hinausposaunen.

»Mann, das Training wird der Hammer!«, rief er unterwegs.

»Und ob!«, rief Nick zurück. »Fast hätte ich mich deswegen über die Ferien geärgert – aber nur fast!«

»Das hat bei Nick schon was zu bedeuten – bei seinen miesen Noten …!«, feixte Tarek.

»Haha, sehr witzig! So schlecht bin ich nun auch wieder nicht. Zumindest nicht in Religion!«, sagte Nick lachend.

Bester Laune bogen die drei Freunde auf das Schulgelände ein und prallten fast gegen Fischkopp, der direkt in der Kurve stand.

Tarek riss reflexartig den Lenker herum und fuhr in die Büsche, Nick trat voll in die Bremsen. Sein Eis zerdrückte er bei der Aktion in der Hand. Als rote Soße floss es an der Lenkstange hinunter.

»Sag mal, hast du ne Macke, Fischkopp? Was stehst du denn hier einfach so in der Gegend rum?«, schimpfte Nick.

Mit einem eleganten Schlenker fuhr Tom zwischen die beiden und warf Fischkopp seinen Ball zu, um dem Kleinen zu zeigen, dass er einen Verbündeten hatte.

Tom hatte sich schon am ersten Schultag vorgenommen, ihn sehr rücksichtsvoll zu behandeln. Fischkopp war wirklich winzig. Außerdem war sein Kopf ziemlich platt und länglich, was ihm das Aussehen eines Herings gab. Da sein Vater zudem Kanalarbeiter war, bot Fischkopp genügend Angriffsfläche für Witze. Doch die Hänseleien schienen an ihm abzuprallen. Stattdessen zog er eine Idee nach der anderen aus dem Hut – allerdings waren die meisten viel zu verrückt, um brauchbar zu sein.

»Lass ihn doch, du hättest dich ja nicht während der Fahrt umdrehen müssen. Dann hättest du ihn auch gesehen!«

Tarek stimmte Tom zu.

Nick grummelte trotzdem weiter.

»Warum hast du dich eigentlich noch nicht umgezogen?«

»Ich hab auf euch gewartet!«, antwortete Fischkopp verlegen.

»Hast ein bisschen Schiss vor der dunklen Umkleidekabine, was?«, bohrte Nick nach.

An Fischkopps gesenktem Blick konnte Tom erkennen, dass Nick ins Schwarze getroffen hatte.

Der kleine Fischkopp lebte in einer Welt, in der es von Gespenstern und Geistern nur so wimmelte. Um dunkle Ecken und stille Orte machte er einen großen Bogen, wusste Tom. Kein Wunder also, dass er die Umkleidekabine der Schule mied: Das Gebäude war uralt, schimmelig, muffig und mit so winzigen Fenstern ausgestattet, dass es auch im Hochsommer stockdunkel war.

Aber müssten nicht eigentlich schon längst …? Tom sah sich um. Das ganze Schulgelände war wie ausgestorben.

»Komisch. Warum ist denn von den höheren Klassen noch niemand da?«, wunderte er sich.

»Ist doch klar, die Großen haben Angst um ihren Stammplatz. Die haben mir auf dem Schulhof kicken sehen!«, rief Fischkopp und lachte am lautesten über seinen Witz.

»Mich«, verbesserte Tarek.

Fischkopp klopfte Tarek verbrüdernd auf die Schulter. »Klar, Tarek, dir auch!«

Die anderen blickten stumm zum Himmel.

Tom wollte ihren Kleinsten eben über den Gebrauch von mich und mir in der deutschen Grammatik aufklären, als er Anthony aus Richtung des Sportplatzes angerannt kommen sah.

Anthony war vor zwei Jahren in ihre Klasse der Grundschule gekommen. Vorher hatte er mit seinen Eltern und mit seinem kleinen Bruder Jerome in einem Land in Afrika gelebt. Weil der Vater sich für Freiheit und Gerechtigkeit einsetzte, wollte die Militärregierung ihn einsperren. Die Familie musste fliehen. Mittlerweile sprach Anthony perfekt Deutsch, zumindest kannte er den Unterschied von mir und mich …

Tom hatte gleich ein ungutes Gefühl im Bauch, als er Anthony so rennen sah, und auf seinen Bauch konnte er sich in der Regel verlassen.

»Alarm!«, rief Anthony, als er endlich in Hörweite war, und wedelte wild mit seinen Armen. Sein Gesicht zeigte blankes Entsetzen.

Auch die anderen schienen den Ernst der Lage zu spüren. Ohne zu zögern, rannten, skateten und fuhren sie ihrem Klassenkameraden entgegen.

»Verdammt schlechte Nachrichten!«, meinte Anthony knapp, als sie ihn erreicht hatten.

»Was ist denn los?«, wollte Fischkopp wissen und zog die Nase hoch.

Statt einer Antwort zeigte Anthony auf die haushohe Maschendrahtumzäunung des Sportplatzes.

Hier machte sich gerade der Hausmeister zu schaffen, dem die Schüler schon vor Jahrzehnten den Namen Schräubchen verpasst hatten.

Beim Näherkommen sah Tom, dass Schräubchen ein Schild aufhängte. Die Aufschrift schnürte ihm die Kehle zu:

Wegen Baufälligkeit geschlossen!
Betreten verboten.
Der Rektor

Kein Ausweg?

»Das können Sie nicht machen!« Tom spürte, wie diese besondere Wut in ihm aufstieg, die sich nur so schwer unterdrücken ließ. »Vulkanwut« nannte seine Mutter das, denn sie brodelte aus Tom heraus wie Lava aus dem Schlot des Vesuvs. Dann machte er oft Sachen, die er hinterher bitter bereute.

Auch jetzt konnte er sich nur mit äußerster Konzentration daran hindern, den Hausmeister am Bein seines Blaumanns zu packen und ihn von der Leiter zu reißen.

»So, kann ich nicht?«, antwortete Schräubchen gelassen und stieg die Leiter hinunter. Das Schild jedoch ließ er oben hängen. Schräubchen war für seine Gutmütigkeit bei den Kindern bekannt. Doch heute schien er schlechte Laune zu haben.

»Nein!«, antwortete Tarek mutig. »Wir haben doch jetzt hier das Training von unserer Fußball-AG!«

»Da freu ich mir schon ein halbes Jahr drauf!«, fügte Fischkopp leise hinzu und ließ Toms Ball fallen, den er bislang unerschütterlich festgehalten hatte.

»Na, dann war die Freude wohl umsonst!«, knurrte der Hausmeister. Seinem mächtigen Bauch zum Trotz beugte er sich tief über seinen Werkzeugkasten und sortierte missmutig die Schraubenzieher. Sicher ist er sauer, dachte Tom, weil er in der prallen Sonne arbeiten muss, anstatt in seiner kühlen Werkstatt Türklinken oder Ähnliches zu reparieren. Aber ist das ein Grund, zu uns so gemein zu sein?

»Hier spielt jetzt jedenfalls niemand mehr«, fuhr Schräubchen fort. »Anordnung vom Chef persönlich!«

Er wies auf die Unterschrift des Schildes: Der Rektor.

»Aber das muss ein Missverständnis sein!«, startete jetzt Anthony einen erneuten Versuch. »Sonst hätte uns doch jemand Bescheid gesagt!«

»Genau, wir wissen von nichts, also findet das Training statt!«, meinte auch Nick. Er wollte einfach am Hausmeister vorbei auf den Platz laufen. Weit kam er nicht. Schräubchen stellte sich ihm breitbeinig in den Weg.

»Nichts findet statt!«, blaffte er. »Den Zettel habe ich selber heute Morgen ans Schwarze Brett gehängt. Euer Problem, wenn ihr nicht lesen könnt. Das Training fällt aus!«

Die Jungen sahen sich verzweifelt an.

»Schwarzes Brett? Was ist denn das?«, fragte Fischkopp verwirrt. Die anderen zuckten mit den Schultern.

»Das ist gemein!«, brüllte Nick und schoss den Ball mit voller Wucht gegen den Zaun.

Der Hausmeister hob seinen Kopf und öffnete den Mund, wohl um den Jungen zusammenzustauchen.

Beim Anblick der zehn wehmütigen Augen überlegte er es sich aber anscheinend anders, und seine alte Freundlichkeit kam wieder zum Vorschein.

»Jungs, ich kann doch auch nichts dafür«, erklärte er mit ruhiger Stimme. »Ich hab früher genauso gerne gekickt wie ihr. Bevor ich den hier bekam!« Schräubchen fuhr sich mit beiden Händen über den Bauch. »Aber seht euch den Platz doch mal an!«

Jetzt erst kam Tom der Gedanke, dass Schräubchen das Schild nicht nur aus Boshaftigkeit aufgehängt haben könnte. Er warf einen Blick durch die Maschen des Zauns. Tatsächlich war das Spielfeld in einem entsetzlichen Zustand: Die Netze im Tor waren zerrissen, ein Pfosten umgeknickt, ein Basketballkorb baumelte gefährlich über der Außenlinie. An der Bande hingen uralte, zersplitterte Werbebanner, deren verblasste Schriftzüge auf »Heimfarths Seifen- und Laugenhandlung« und »Lohnkutscherei Wegener« aufmerksam machen sollten.

Vor allem aber waren überall auf dem Platz die Wurzeln der umliegenden Bäume hervorgebrochen und verwandelten die Rasenfläche in eine Hügellandschaft.

»Wie der Platz aussieht, macht uns nichts aus!«, sagte Tom. »Hauptsache, wir können trainieren!«

Er versuchte seine Stimme so klingen zu lassen, dass der Hausmeister gerne wieder auf die Leiter stieg und das Schild abhängte. Es funktionierte nicht.

»Die Eltern sind da ganz anderer Meinung«, erwiderte

Schräubchen stattdessen. »Ein paar Kinder sind mit aufgeplatzten Knien nach Hause gekommen. Ein Vater hat sogar mit dem Anwalt gedroht – das muss man heutzutage ernst nehmen!«

»Und was wird jetzt aus uns?«, flüsterte Fischkopp.

Der Hausmeister griff nach seinem Werkzeugkasten und strich Fischkopp mit der anderen Hand über den Kopf.

»Keine Ahnung, wie es mit eurem Fußballtraining weitergeht, Kleiner! Fragt doch mal beim Chef nach. Soweit ich weiß, sitzt Doktor Kress noch in seinem Büro!«

Hals über Kopf verließen die fünf Jungen den Sportplatz und rasten zum Schulgebäude hinüber.

Erst vor dem Lehrerzimmer verlangsamten sie keuchend ihre Schritte. Tom klopfte an die Bürotür des Rektors. Gedämpft drang ein »Ja, bitte!« zu ihnen in den Flur.

Tom atmete noch einmal tief ein und versuchte so, seine Vulkanwut zu bändigen. Schließlich konnte er ihren »Chef« ja schlecht anbrüllen und eine Erklärung fordern. Als er meinte, seine Gefühle im Griff zu haben, drückte er kräftig die Klinke hinunter. Eigentlich hatte er vorgehabt, das Büro langsam zu betreten. Doch seine aufgeregten Freunde drängelten so sehr, dass Tom beinahe stolperte. Erst vor dem wuchtigen Schreibtisch von Doktor Kress konnte er sich fangen.

Verdutzt sah der Rektor von seinen Unterlagen auf.

Von älteren Schülern wusste Tom, dass Doktor Kress ein strenger, aber gerechter Schulleiter war. Bis auf einen schmalen Kranz dunkelgrauer Haare hatte er eine Glatze. Er trug stets dunkle, etwas unmoderne Anzüge und eine goldene Brille, die er jetzt von der Nase nahm.

»Was kann ich für euch tun?«, wollte Kress in scharfem Ton wissen, als er seine Überraschung über die unerwartete Störung abgeschüttelt hatte.

»Wir … wir kommen wegen der Fußball-AG!«, stammelte Tom eingeschüchtert. Seine Vulkanwut hatte sich tief in seinem Bauchnabel versteckt. Aus dem Augenwinkel heraus bemerkte Tom, wie seine Freunde brav nickten.

»Wo werden wir denn jetzt trainieren?«, hakte Fischkopp mutig nach.

Doktor Kress nahm einen Bügel der Brille in den Mund. Dann stand er auf und spazierte im Zimmer auf und ab. Dazu sprach er, als wollte er seiner Sekretärin einen Brief diktieren.

»Das leidige Thema Sportplatz. Ja. Schon seit Jahren kämpfe ich mit der Landesregierung um die Modernisierung des Spielfelds. Stellt euch vor, unter dem Rasen gibt es noch nicht einmal ein vernünftiges Fundament. Kein Wunder, dass die Baumwurzeln durchdringen. Lieber heute als morgen würde ich den Zustand ändern, aber – mir sind die Hände gebunden. Leider, leider!«

»Es ist also kein Geld da?«, hakte Tom nach.

»Richtig. Deshalb habe ich die Fußball-AG auch bis auf weiteres aufgelöst!«

»Was!?«, brüllte nun Nick.

»Das darf doch nicht wahr sein …!«, murmelte Tarek geschockt.

Tom war sprachlos. Bis zu diesem Moment hatte er noch gehofft, das Training würde vielleicht nur heute ausfallen und in der nächsten Woche wieder stattfinden können.

Kress blieb stehen und sah die fünf Jungen zum ersten Mal seit ihrem Hereinplatzen wieder an.

»Wir haben nun mal keinen anderen Platz, und auf dem Schulhof ist das Spielen zu gefährlich.«

»Heißt das, die Fußball-AG ist für immer gestrichen?«, wollte Tom wissen.

Der Schulleiter lächelte gequält.

»Aber nein, nicht für immer! Auch für den Elternbeirat hat die Sache oberste Priorität. Sie haben beschlossen, alle Einnahmen des diesjährigen Weihnachtsbasars für die Renovierung des Sportplatzes zu verwenden!«

»Weihnachtsbasar?«, polterte Nick augenblicklich los. »Wir haben August!«

Der Rektor blickte Nick über den Rand seiner Brille hinweg streng an.

»Entschuldigung!«, grummelte Nick reumütig. »Aber für mich klingt das wie *für immer*!«

»Gibt es denn wirklich keine andere Lösung?«, wollte Anthony wissen.

Doktor Kress schüttelte den Kopf.

»Und wo sollen wir jetzt spielen?«, schluchzte Fischkopp. »Fußball ist unser Leben!«

Der Rektor sah betreten zu Boden.

»Es sei denn …« Er setzte sich an den Schreibtisch und griff zum Telefon.

»Wie ihr vielleicht wisst, hat die Gebrüder-Grimm-Schule auch eine sehr erfolgreiche Fußballmannschaft. Ich könnte bei meinem werten Kollegen nachfragen, ob ihr dort mittrainieren dürft, bis unser Platz wieder bespielbar ist.«

Während Doktor Kress wählte und sich mit seinem Amtskollegen verbinden ließ, drehte sich Tom zu seinen Freunden um. Sollten sie wirklich so weit gehen?

Die Gebrüder-Grimm-Schule war eine Privatschule mit Schwerpunkt Sport. Sie war mit den neuesten und besten Geräten ausgestattet. Von morgens bis abends konnten die Schüler dort unter Anleitung von Fachleuten die ausgefallensten Sportarten trainieren. Die Mädchen gewannen regelmäßig bei Leichtathletikturnieren, und die Fußballmannschaft der Oberstufe war so brillant, dass sie ein Zeitungsreporter einmal den »Goldenen Jahrgang« getauft hatte.

Die Schüler selbst nannten sich in Anlehnung an den Namen ihrer Schule lieber »Die Grimmigen«. Natürlich hielten sie sich durch die zahlreichen Erfolge für etwas Besseres, und so herrschte eine tiefe Feindschaft zwischen der Grimm-Schule und der Schule am Römerwall.

Dort sollen wir nun tatsächlich wie die arme Verwandtschaft auftauchen und um einen Platz im Team betteln?, fragte sich Tom.

An den Augen seiner Freunde konnte er ablesen, dass auch sie zwischen den Vor- und Nachteilen abwogen. Wohl fühlte sich mit diesem Vorschlag keiner, doch schließlich nickten alle. Sie wollten Fußball spielen!

Tom wandte sich wieder Doktor Kress zu, der gerade sein Gespräch beendet hatte.

»Ich habe gute Nachrichten: Wenn ihr wollt, dürft ihr bei der Grimm-Schule mittrainieren! Schulleiter Johansson hatte volles Verständnis. Gleich jetzt habt ihr die Möglichkeit, eure neue Mannschaft kennenzulernen. Die Jungen der Unterstufe haben ein Spiel, die zweite Halbzeit wurde soeben angepfiffen.«

Murmelnd wuselten die fünf Freunde zur Tür hinaus. Auf der Schwelle drehte sich Tom noch einmal um.

»Vielen Dank, Doktor Kress! Sie haben uns das Leben gerettet!«

Der Rektor lächelte milde.

»Gern geschehen. Und macht unserer Schule keine Schande!«

Tom sah, wie sich der Schulleiter wieder seinen Papieren zuwandte. Für ihn war die Angelegenheit damit sicherlich erledigt. Tom und seinen Freunden aber stand ein schwerer Gang bevor.

Die Grimmigen

Als die fünf Freunde eine Viertelstunde später bei der Grimm-Schule ankamen, fielen Tom fast die Augen aus dem Kopf.

»Mann, das gibt's doch nicht!«, stöhnte er entgeistert und sah sich sprachlos um. Zwar war er schon öfter mit dem Skateboard hier vorbeigefahren, aber das Ausmaß dieses Trainingsgeländes hatte er bislang noch nicht wahrgenommen: Hinter dem Schulgebäude lagen nebeneinander drei Rasenplätze mit Tartanbahnen, auf der Langstreckenläufer ihre Runden drehten. Vor einem Tor waren drei Plastikmänner als Freistoßmauer aufgebaut, und an einem kleinen Kran baumelte ein Ball für Kopfballtraining. Alle drei Plätze hatten eine Flutlichtanlage. Das Herzstück war jedoch das Stadion, das laut einem Schild am Eingang 500 Zuschauern Platz bot. Jubelschreie bewiesen, dass auch heute einige Leute die Wundertaten der Grimmigen sehen wollten.

Staunend stapften Tom und seine Freunde die Stufen zur Haupttribüne hoch. Etwa 50 Zuschauer klatschten bei jeder Aktion des Teams, das unten auf dem Rasen zauberte.

»Wie viel steht's denn?«, wollte Tarek von einem alten Mann wissen, der mit funkelnden Augen dem Spielverlauf folgte.

»14:0, aber gleich sind die armen Teufel ja erlöst!« Zum Beweis wies er auf die Anzeigetafel in der Westkurve.

»Boh, 14 Tore in 80 Minuten!«, staunte Fischkopp. »Ich freu mir schon richtig, mit denen auf dem Platz zu stehen!«

Nick verzog das Gesicht.

»Wenn du *dir* da mal nicht zu früh freust, Fischkopp!«

Die fünf beobachteten stumm die Kombinationen der Grimmigen. Neidlos musste Tom anerkennen, dass sich auch das Team der Unterstufler den Namen »Goldener Jahrgang« wirklich zu Recht angeeignet hatte. Sie ließen den Ball über zehn, zwölf Stationen laufen, ohne dass der Gegner eine Chance hatte, und schlugen Flanken über den halben Platz. Tom kannte ein paar der Spieler vom Sehen; besonders ihr Kapitän Sebastian, ein blonder Riese, war stadtbekannt. Sein Vater reiste durch die Welt, um Kühlschränke an Eskimos und Halsbänder an Hunde zu verkaufen, hatte Tom mal gehört. Komisch, aber er musste seine Sache gut machen, denn Sebastians Familie schwamm nur so im Geld.

Plötzlich ertönte ein durchdringender Pfiff, der Tom zusammenzucken ließ.

Auch die Grimmigen waren verunsichert, blieben stehen und schauten den Schiri an. Diese einmalige Chance nutzte ein Gegner und schoss den Ehrentreffer zum 14:1. Der Junge jubelte, als hätte er eben von einem Lottogewinn erfahren.

Noch einmal erschallte ein Pfiff, und die Spieler schauten verärgert zur Tribüne hinauf.

Im Nachbarblock hockte Toms Klassenkamerad Latte und winkte übermütig zu ihnen hinüber. Tom zuckte wieder zusammen. An Latte hatte er überhaupt nicht mehr gedacht! Eigentlich waren sie auf dem Parkplatz der Schule verabredet gewesen, aber sicher war Latte wie so oft zu spät gekommen. Tom machte eine Handbewegung, die besagen sollte: Tut mir echt leid. Latte lachte, rutschte vom Sitz und richtete sich zu seiner unglaublichen Größe auf. Schon im Kindergarten hatte er alle Gleichaltrigen um ein bis zwei Kopflängen überragt. Weil seinen Eltern der Gasthof »Zum fliegenden Hirsch« gehörte, musste er häufig mit anpacken und Saftkästen, Stühle oder Tische tragen. Das machte Muskeln! Groß und stark, war er ein wirklich furchterregender Torwart. Dabei war er eigentlich immer für Späße zu haben. Nur wenn ihm jemand krumm kam, war der Spaß schnell vorbei. Von einer Schulhofprügelei hatte er einen abgebrochenen Schneidezahn zurückbehalten, durch den er hervorragend pfeifen konnte.

Als er bei seinen Freunden ankam, drohte ihm der alte Mann neben Tarek mit dem Stock.

»Nur mit unfairen Mitteln ist diese Mannschaft zu schlagen, nur mit unfairen Mitteln!«, schimpfte er.

Doch Latte kümmerte sich nicht um den Alten.

»Na, ihr Kameradenschweine!«, rief er lachend. »An mich hat wohl keiner gedacht, was?«

Tarek schluckte. »Die Sache mit dem Platz ist mir so in die Knochen gefahren, dass ich sogar mein Bruderherz vergessen hätte!«

Latte grinste. »Wie gut, dass mir der Kress auf dem Parkplatz begegnet ist. Ich wollte ihm allerdings erst nicht glauben, dass ihr wirklich hierhergegangen seid!«

»Weißt doch: Wenn's um Fußball geht, ist uns alles zuzutrauen!«, meinte Tom verwegen.

Die anderen stimmten in Lattes Lachen mit ein.

Dann ertönte wieder ein Pfiff, diesmal vom Schiedsrichter. Die Gegner liefen zum Mittelkreis, um den Grimmschülern die Hände zu schütteln, doch die verschwanden sofort in den Umkleidekabinen. Die Zuschauer klatschten dennoch.

Tom sprang auf.

»Kommt, wir sind nicht zum Vergnügen hier. Wir wollen schließlich die Mannschaft verstärken!«

Anthony hielt ihn am Arm fest.

»Du hast gesehen, wie die spielen, und willst trotzdem noch mitmachen?«, fragte er erstaunt.

»Warum nicht?«, erwiderte Tom und klemmte sich sein Skateboard unter den Arm. »Natürlich sind die ein bisschen besser als wir, aber wenn wir fleißig trainieren, haben wir das bald aufgeholt!«

Tarek schüttelte verständnislos den Kopf. »Ein *bisschen besser* ist vielleicht etwas untertrieben. Selbst gefesselt ziehen die uns noch ab!«

Tom widersprach: »Redet keinen Unsinn, kommt!«

An der Tür der Umkleidekabine jedoch hämmerte Toms Herz in seiner Brust. Er holte noch einmal tief Luft und drückte die Klinke. Dann trat er ein.

Kaum hatte er einen Fuß in den Raum gesetzt, als ihm ein nasses Handtuch an den Kopf flog.

»Raus hier!«, brüllte ein bulliger Typ, den Tom aus der Eisdiele kannte. Er hörte auf den schaurigen Namen »Mike, der Muskel«.

»Halt die Klappe, Mike!«, rief Tom lauter zurück, als er vorgehabt hatte. Der Kerl nervte einfach immer!

»Wir wollen zu Sebastian und zu eurem Trainer!«

Mike wies mit dem Kinn in eine Ecke. Hier lümmelte sich sein Kapitän auf der Bank und rieb sich die Oberschenkel mit einem stinkenden Massageöl ein, das sicher ungemein teuer war.

Tom ging geradewegs auf ihn zu, seine Freunde folgten ihm zögerlich.

»Hallo, Sebastian, ich bin Tom!«

Der Kapitän der Grimmigen hob langsam seinen Kopf und blickte angewidert auf die Hand, die ihm Tom entgegenstreckte.

»Wer hat denn die Barbiepuppe reingelassen!«, meinte er stöhnend und fuhr mit den Fingern durch Toms lange blonde Haare.

Die Mehrzahl der Fußballer grölte.

»Super, Bombasti!«, kicherte Mike und schlug sich auf die mächtigen Schenkel.

Tom war zum Davonlaufen zumute, doch er wollte Fußball spielen! So schluckte er den Kloß runter, der sich in seinem Hals bildete, und redete weiter.

»Euer Direktor hat uns versprochen, dass wir bei euch mittrainieren dürfen, solange unser Platz kaputt ist. Am besten siehst du dir erst mal an, was wir draufhaben, bevor du uns davonjagst!«

Bombasti wandte sich ab und verschloss umständlich die Ölflasche.

»Werft die Witzfiguren raus! Ich will jetzt duschen, und dabei möchte ich nur Männer um mich haben!«, sagte er dann.

Mike sprang sofort von seiner Bank.

Anthony legte Tom die Hand auf die Schulter.

»Lass uns abhauen, das haben wir doch gar nicht nötig!«

Tom schüttelte den Arm ab. Wie froh war er, als in diesem Moment ein Oberstufenschüler aufstand und sich einmischte.

»Moment, Bombasti. Ich bin hier der Trainer!«

Dem Kapitän stockte der Atem. Widerspruch war er

offenbar nicht gewohnt, schon gar nicht vor versammelter Mannschaft.

»Herr Johansson hat mich über das Telefongespräch informiert. Natürlich dürfen die Jungs mittrainieren!«

»Na also!«, rief Tom und starrte dem blöden Angeber, der sich Bombasti nennen ließ, feindselig in die Augen.

Doch der Trainer hatte noch nicht zu Ende gesprochen.

»Ihr bekommt sogar einen Stammplatz bei uns – auf der Ersatzbank. Oder glaubt ihr im Ernst, ihr Hühnerbrüste hättet eine Chance, hier zu spielen?«

Sofort brach schallendes Gelächter aus.

Bombasti klatschte seinen Trainer ab.

»Sauber, Alter! Einen Moment lang hab ich glatt gedacht, du willst diese Würstchen mitspielen lassen!«

Mike gesellte sich zu seinem Kapitän.

»Dann fangt doch mal gleich mit dem Trainieren an, ihr Superkicker!«

Er hielt Tom seine Fußballschuhe unter die Nase.

»Hier, die müssen mal wieder richtig geputzt werden. Das bringt ordentlich Muckis in die Arme!«

Wieder grölten einige, anderen waren die Witze anscheinend zu platt. Sie gingen duschen.

Tom spürte, wie die Vulkanwut in ihm hochschäumte. Ohne sich um die Folgen Gedanken zu machen, schlug er Mike die Schuhe aus der Hand. Ein Stollen riss dem Grimmigen die Haut der Wange auf.

»Das hast du nicht umsonst gemacht!«, brüllte Mike und wollte sich auf Tom stürzen, doch eine riesige Hand hielt den Schläger zurück. Big Ben, der Torwart.

»Lass es lieber, Mike!«, knurrte er. »Die Jungs haben uns nichts getan. Warum wollen wir es nicht mit ihnen versuchen?«, fragte er in die Runde.

Als nur Murren und Hohngelächter zur Antwort kam, zuckte er mit den Achseln.

»Das war eindeutig. Mehr kann ich auch nicht für euch tun!«, erklärte er resigniert.

»Schon gut«, sagte Tom bitter. »Mit solchen Stinkstiefeln wie eurem Kapitän würden wir sowieso nie die Kabine teilen!« Mit knallrotem Kopf stürzte er an die Luft.

»Diese Schleimbeutel, diese miesen Angeber!«, brüllte er auf der Straße. Die Tränen schossen ihm in die Augen.

Latte versuchte, ihn zu beruhigen.

»Reg dich nicht auf, Tom. Diese Schrumpfkopfheinis sind es doch echt nicht wert!«

»Latte hat recht«, meinte auch Anthony. »Mit denen verschwenden wir bloß unsere Zeit.«

Fischkopp schüttelte betrübt den Kopf. »Wieso haben wir bloß gedacht, wir könnten da mitspielen?«

Nick stieß geräuschvoll die Luft aus. »Kommt, vergessen wir die ganze Sache.« Er sah auf den roten Matsch an seinem Fahrradlenker. »Lasst uns lieber zu Dino gehen, noch ein Eis essen!«

Doch die anderen winkten ab. Ihre Laune war unwiederbringlich verdorben. Sie verabredeten sich für den nächsten Tag und stoben in alle Himmelsrichtungen davon.

Alles nichts

Tom hasste seinen Wecker. Jeden Morgen, wenn dieses grüne Ding auf seinem Nachttisch rappelte, war er kurz vor einem Vulkanwutausbruch. Umso mehr liebte er die Wochenenden. Ausschlafen, aufwachen, sich noch einmal umdrehen, im Bett eine Fußballzeitung lesen – gab es etwas Schöneres?

Auch heute wollte er die freie Zeit wie gewohnt auskosten, doch die Zeitung war langweilig, die Fotos waren unscharf, die Berichte zu unkritisch. Tom legte sie beiseite und griff nach einem Fußballbuch, das auf dem Nachttisch lag. Doch das Kissen drückte in seinem Rücken und bereitete ihm Kopfschmerzen. Oder kam das Pochen doch von Bombastis Beschimpfungen, die er immer noch im Ohr hatte? Barbiepuppe, Witzfigur, Hühnerbrust, Superkicker – er hatte schon schönere Komplimente bekommen.

Nachdem er sich bis zum Mittag mit dunklen Gedanken herumgeschlagen hatte, zog er sich schließlich an und stapfte polternd die Treppe hinunter.

Verwundert rieb sich Tom die Augen, als er seinen Vater fröhlich pfeifend in der Küche bei den Vorbereitungen für ein chinesisches Mittagessen antraf. Paprikaschoten, Zwiebeln und Bambussprossen lagen um einen gusseisernen Wok herum. Es duftete bereits zart nach Reis.

Andächtig verfolgte Tom die Handgriffe seines Vaters. Der war ein großer, kräftiger Mann, der ständig in Jeans und T-Shirt herumlief und von März bis Oktober weder Schuhe noch Socken trug. Nick und Tarek hatten einmal gesagt, dass er *echt cool* sei, und insgeheim stimmte Tom ihnen zu. Bestimmt meinten sie damit aber auch seinen Beruf: Toms Vater war Moderator beim besten Radiosender weit und breit, Radio Gaga, benannt nach einem alten Song der Rockgruppe Queen.

Bei seiner Arbeit interviewte er nicht nur Politiker, sondern häufig auch weltberühmte Rockmusiker, die in der Nähe Konzerte gaben, oder Sportler, die olympische Medaillen gewonnen hatten. Tom hatte deshalb eine ansehnliche Sammlung von Autogrammkarten, viele mit dem wertvollen Zusatz »Für Tom«.

Allerdings bedeutete dieser Traumjob auch, dass sein Vater oft am Wochenende arbeiten musste, wenn die Stars Zeit hatten.

Heute war anscheinend kein Star in der Nähe.

»Was machst du denn hier?«, platzte es aus Tom heraus, als hätte er nicht seinen Vater, sondern den Yeti vor sich.

Verdattert sah ihn sein Vater an.

»Entschuldigung, ich wohne hier!«

Beide mussten lachen. »Mama und Hannes fummeln irgendetwas im Garten. Du, mein Sohn, bist meine einzige Stütze im Alter … Magst du die Möhren in Streifen schneiden?«, fragte sein Vater gutgelaunt.

Tom setzte sich an den Tisch. Er half seinem Vater gern. Noch lieber aber mochte er diese spezielle Küchenstimmung. Ideal für ein Gespräch von Mann zu Mann und genau richtig, um von seinem Erlebnis mit den Grimm-Schülern zu erzählen. Sein Vater hörte ihm aufmerksam zu. Er stöhnte, als habe er die Schmähungen selber abbekommen, und legte das Messer zur Seite.

»Ändert sich denn da nie was? Diese Feindschaft zwischen den Schulen gab's schon zu meiner Zeit!«, erzählte er. »Wir haben uns dauernd mit denen gekloppt!«

Tom stand vor Staunen der Mund offen. Sein Vater war der friedfertigste und liebste Mensch, den er kannte. Die Vorstellung, wie er sich mit durchtrainierten Sportschülern anlegte, verwirrte ihn.

»Du hast dich echt mit denen geschlagen?«

Sein Vater nickte und fing an, ein Bund Frühlingszwiebeln zu zerhacken.

»Wir waren zwei richtig eingeschworene Banden. Unsere hieß Die Wölfe, zugegebenermaßen nicht besonders originell. Ständig haben wir uns gegenseitig Streiche gespielt, einander mit Regenwürmern gefüttert oder so was. Kein Erwachsener durfte uns reinreden! Meistens war's ziemlich aufregend, aber irgendwann lief alles nur noch auf dumpfe Keilereien hinaus.«

»Mann, das ist ja 'n Ding! Und du warst der Bandenchef, oder?«

Sein Vater grinste und goss Erdnussöl in den Wok.

»Klar, ich konnte damals schon gut Leute ausquetschen. Aber einmal musste ich ganz alleine ins Hauptquartier der anderen, für irgendwelche Verhandlungen. Ich war so wütend, dass ich sie nur beschimpfte.«

Er zog sein T-Shirt hoch und zeigte auf eine kleine Narbe.

»Seitdem bin ich gezeichnet … Leider kann ich dir dazu keine Heldengeschichte erzählen. Ich bin beim Weglaufen in einem Stacheldrahtzaun hängen geblieben.«

Er lächelte.

»Diese Wunde hat mich damals zur Einsicht gebracht. Danach bin ich den Jungs aus dem Weg gegangen und hab mich lieber auf die Schule konzentriert. Ohne den Zaun wäre ich bestimmt sitzengeblieben!«

Er ließ das T-Shirt wieder sinken.

Trotzdem starrte Tom noch wie verhext auf die Stelle.

»Deshalb finde ich es echt groß, dass du den Mut hattest, zu ihnen zu gehen, trotz des Streits. Aber offensichtlich sind diese Jungen nicht so clever wie du!«

Tom schüttelte die Verblüffung ab.

»Nö, bestimmt nicht!« Er hörte Bombasti wieder *Su-*

perkicker rufen. »Umso gemeiner, dass die Fußball spielen können, und wir nicht!«

Sein Vater antwortete nicht. Hochkonzentriert war er damit beschäftigt, das Gemüse genau richtig anzubraten und mit Gewürzen, fremdartigen Kräutern und Sojasoße abzuschmecken. Genießerisch schloss er die Augen.

»Wunderbar, du kannst unsere beiden Gärtner rufen!«

Das Essen schmeckte wirklich gut, aber Tom war mit seinen Gedanken woanders. Kaum waren alle Teller leer, als er in seine Sportschuhe schlüpfte und sich seinen Ball unter den Arm klemmte. Er war schon auf der Straße, um zum vereinbarten Treffen mit seinen Freunden zu fahren, als sein Vater noch einmal in der Tür auftauchte.

»Ich bin sicher, so schlaue Kerle wie ihr finden eine Lösung!«, gab er ihm mit auf den Weg.

Dann küsste er ihn auf die Stirn und verschwand im Haus.

Vor der Eisdiele warteten schon die Zwillinge und Anthony. Latte und Fischkopp trafen nur wenig später ein.

Der Schock vom Vortag saß bei allen offenbar noch so tief, dass keiner das Wort *Fußball* auch nur in den Mund nehmen wollte. Stumm schleckten sie ihr Eis.

Schließlich brach es aus Tom heraus: »Die Grimmigen können uns daran hindern, in ihrem Stadion zu spielen, aber den Spaß am Fußball nimmt mir keiner!«

Anthony nickte beifällig. »Bravo, nur nicht unterkriegen lassen. Und was schlägst du jetzt vor?«

Latte kratzte sich am Kopf. »Lasst uns in den Stadtpark rübergehen – mit unseren Hemden bauen wir uns zwei Tore!«, schlug er vor.

Im Stadtpark gab es zwischen den Bäumen genug freie Rasenflächen, die man sogar betreten durfte.

Begeistert stürmten sie los. Die wenigen Meter bis zum Park kickten sie Toms Ball so wild hin und her, dass einige Fahrradfahrer schimpfend ausweichen mussten.

Wie von Latte vorgeschlagen, zogen sie ihre Hemden aus und legten sie im Abstand von vier Schritten auf den Boden. Dann teilten sie sich auf und spielten drei gegen drei.

Doch der Spaß war nur von kurzer Dauer. Mehr und mehr Erwachsene strömten auf die Wiese, um sich zu sonnen oder im Schatten zu lesen. Das Spielfeld der sechs Freunde wurde zwangsläufig kleiner und kleiner.

Als sie einer jungen Mutter vor ihren Kinderwagen schossen und das Baby nicht mehr aufhören wollte zu schreien, war es höchste Zeit abzuhauen.

»Jetzt sind wir genau da, wo wir vorher waren!«, schimpfte Nick, als sie wieder vor der Eisdiele bei ihren Fahrrädern standen.

»Keiner will uns haben!«, jaulte Fischkopp und zog die Nase hoch.

»Wir könnten doch bei uns in der Straße spielen!«, schlug Anthony vor. »Da fahren nur wenig Autos!«

»Aber manchmal kommt eben doch eins«, meckerte Nick. »Und dann ist auch noch unser Ball platt!«

»Am besten wir spielen nur noch Maumau«, seufzte Fischkopp.

Tom pfefferte wütend sein verschwitztes T-Shirt auf eine Bank. Ihm fiel das Gespräch mit seinem Vater wieder ein.

»So geht das nicht weiter!«, beschloss er. »Wir müssten was haben, wo uns kein Erwachsener reinreden kann!«

Tarek nickte.

»Genau, ein Platz, der nur uns gehört, wo uns kein Hausmeister vertreiben kann, kein Baby und kein Autofahrer.«

Alle sechs hockten sich auf die Bank und dachten nach.

Nach einer Weile sprang Tom auf.

»Verdammt, ohne Pocke am Fuß kann ich nicht nachdenken!«

Er legte seinen Fuß auf den Ball, zog die Sohle darüber und hob ihn mit der Spitze in die Luft. *Ball hoch halten* hieß die Übung und war seine Spezialität. 15- bis 20-mal schaffte er es, den Ball mit Fuß, Knie oder Kopf in der Luft zu halten, ohne dass er den Boden berührte. So angespannt er dabei mit dem Körper war, so locker wurde sein Geist. Es durfte doch nicht wahr sein, dass es in der ganzen Stadt keinen Ort gab, wo man Fußball spielen konnte!

Plötzlich ließ er den Ball absichtlich aufs Pflaster fallen.

»Ich hab's! Der Platz hinterm alten Sägewerk!«

Nick sah ihn an, als habe er den Verstand verloren.

»Hinterm Sägewerk? Das ist doch seit Jahren stillgelegt!«

»Kein Mensch geht da freiwillig hin!«, stimmte Tarek seinem Bruder zu.

»Na eben!«, jubelte Tom. »Genau so was suchen wir doch!«

Tom blickte in die Runde. Deutlich konnte er sehen, wie es hinter der Stirn eines jeden Jungen arbeitete.

Latte fuhr sich mit der Zunge über seinen abgebrochenen Zahn, Anthony nickte mit einem anerkennenden Grinsen, nur Fischkopp standen die Haare zu Berge.

»Das alte Sägewerk? Da soll es doch spuken!«

Nick prustete los.

»Gibt es eigentlich einen Ort auf der Welt, wo du freiwillig hingehst?«

Fischkopp dachte angestrengt nach, als wäre die Frage ernst gemeint. Dann erhellte sich sein Gesicht. »Klar, in die Eisdiele!«

Lachend schwangen sie sich auf die Fahrräder. Das alte Sägewerk wollten sie gleich genauer unter die Lupe nehmen.

Das Industriegebiet lag am Stadtrand und war auf der einen Seite von einem Wohngebiet, auf der anderen Seite von einem schmalen Fluss begrenzt. Vor mindestens 30 Jahren hatte hier der letzte Betrieb geschlossen oder war in modernes Industriegebiet umgesiedelt. Am Ende der öden Straße lag das älteste aller Gebäude, das Sägewerk. Hierher führten auch die Bahnschienen, die seit Jahrzehnten ungenutzt und von dichten Grasbüscheln überwachsen waren.

An der Schranke stoppten die Jungen ihre Fahrt. Sie mussten nun zu Fuß weiter, denn die Pflanzen hatten sich das Gelände zurückerobert. Nur den Ball nahmen sie mit.

Ein eigener Platz

»Mann, das ist ja wie auf Forschungsreise!«, staunte Tarek. Tom wusste, dass Tarek eine Leseratte war und sich stapelweise Abenteuerromane aus der Bücherei auslieh.

Auch die anderen hielten den Atem an, als sie im hüfthohen Gras vor dem alten Sägewerk standen.

Tom betrachtete voller Entdeckerdrang das gesamte Grundstück, während er sich langsam durch Brombeerranken und wilde Rosenbüsche vorwärtskämpfte. Überall mussten sie über Holzbalken und Bretter steigen oder verrostetem Schrott ausweichen. Nach einer kleinen Ewigkeit waren sie am Ziel.

Das alte Sägewerk bestand aus drei roten Backsteingebäuden, die von zwei Seiten an die Wiese grenzten. Das größte, rechteckige Gebäude hatte riesige schwarze Fenster, die wie tote Augen auf sie herunterschauten.

Fischkopp schmiegte sich an den starken Anthony. Dabei stand die Sonne hoch am Himmel!

»Das ist doch nur eine Werkshalle!«, versuchte Anthony ihn zu beruhigen.

An der Längsseite dieser Halle befand sich in Kopfhöhe eine Plattform, die wohl als Laderampe gedient hatte. Daneben stand ein pilzförmiger, dreistöckiger Turm, der nur ganz oben schmale Fenster hatte. Sie waren so schmutzig, dass sie kaum zu erkennen waren. Das dritte Gebäude, zu dem die Schienen führten, lag hinter Hecken und Ranken versteckt.

Plötzlich raschelte etwas im Gras. Fischkopp stieß einen spitzen Schrei aus. Tom spürte, wie sein Herz wild zu klopfen begann, doch er nahm seinen Mut zusammen und wälzte einen Stein zur Seite. Eine grün schimmernde Eidechse schwänzelte an den Jungen vorbei ins hohe Gras.

»Ist ja irre!«, fand nun auch Nick seine Sprache wieder. »Ich komme mir vor wie im tiefsten Dschungel!«

»Dann pass nur auf, dass dich kein Jaguar frühstückt!«, kommentierte Latte grinsend.

Tarek hockte sich zwischen das Gestrüpp auf den Stein, unter den sich die Eidechse verkrochen hatte.

»Richtig!«, meinte er kleinlaut. »Ein prima Dschungel ist es – aber kein Fußballplatz!«

»Hier ist doch unser Platz!«, widersprach Tom und zeigte im weiten Bogen über die Wiese.

Zweifelnd schauten seine Freunde erst das Gebäude und dann Tom an. Zwar war der Platz gute 50 Meter lang und 30 Meter breit, aber auch von dichtem Gestrüpp überwuchert.

Zum Beweis nahm Nick den Ball und warf ihn vor

sich. Ohne das kleinste Stück weiterzurollen, blieb er sofort liegen.

»Dürfte schwer werden, hier zu spielen!«, sagte er bissig.

Fischkopp seufzte.

Tom sah auf den Rest Ball, der zwischen den langen Halmen noch zu sehen war. Sollte ihr Traum hier schon wieder zu Ende sein? Nein, dachte er.

»Wenn uns schon ein paar Brennnesseln und Disteln Angst einjagen, dann sollten wir wirklich lieber Maumau als Fußball spielen«, sagte er auffordernd.

Latte nickte. »Genau! Im Garten meiner Oma hab ich schon ganze Bäume gefällt!«

Toms Herz tat einen ordentlichen Hopser. »Mensch, Latte, das ist doch die Idee!«, rief er begeistert. »Deine Oma hat doch bestimmt auch einen Rasenmäher?!«

Auch die anderen wurden nun hellhörig.

»Klar, aber damit kommst du hier nicht weit, das Gras ist zu hoch!«

»Mist!«, schimpfte Fischkopp.

»Mist!«, stöhnte auch Tom. War doch alles hoffnungslos?

»Nix Mist!«, widersprach Latte. »Meine Oma hat auch eine Sense, Astscheren, Äxte, Spitzhacken und so weiter und so weiter. Die leiht die mir bestimmt. Und dann verwandeln wir diese Steppe ruck, zuck in einen erstklassigen Fußballplatz!«

Jubelnd sprangen sich die sechs Freunde in die Arme.

»Juchhu!« Tom reckte triumphierend seine Fäuste in die Luft.

»Worauf wartest du noch?«, fragte Tarek schließlich. »Hol den ganzen Krempel, und wir legen los!«

Latte schüttelte den Kopf.

»So schnell geht's nicht. Den Rasenmäher hab ich gestern noch benutzt, da ist kein Benzin mehr drin. Das muss ich erst organisieren. Aber morgen früh können wir starten!«

Auf dem Weg zur Bahnschranke heulte Tom wie ein Indianerhäuptling, dann blieb er urplötzlich stehen und hielt seinen Zeigefinger an die Lippen.

»Aber wir müssen schwören: Kein Wort zu unseren Eltern!«

»Kein Wort zu den Eltern!«, klang es fünffach zurück.

Wie alle anderen hielt sich Tom an dieses Versprechen und tischte seinen Eltern am nächsten Morgen die Geschichte auf, er wolle bis zum Abend mit Nick und Tarek neue Skateboardtricks üben.

Mit einem prickelnden Glücksgefühl im Bauch fuhr er zum Sägewerk.

Fischkopp, die Zwillinge und Anthony warteten bereits an der Schranke.

»Wo sind Latte und die Geräte?«, rief Tom statt einer Begrüßung. »Mannomann, wie will er die überhaupt alleine hierherkriegen? Wir sind vielleicht schöne Freunde.« Ein Knattern durchbrach das betretene Schweigen. Auf der Straße kamen ihnen Latte auf seinem Fahrrad und sein Bruder Fass, so genannt wegen seines stattlichen Bauchs, mit dem Mofa entgegen. In einem Anhänger lagen der Rasenmäher und die anderen Gerätschaften. Grummelnd lud Fass alles ab und fuhr sogleich wieder davon.

»Wie haste denn den dazu gebracht, dir zu helfen?«, platzte es aus Fischkopp heraus.

Latte rieb Daumen und Zeigefinger seiner Hand aneinander. »Na, so natürlich!«

Tom war erschüttert. »Was? Dein eigener Bruder nimmt für so ne Kleinigkeit Geld?«

»Nee, kein Bargeld. Ich muss ihm dafür seinen heißen Ofen putzen. Aber das ist mir die Sache wert!«

Tom wunderte sich noch immer, doch Latte schien diese Form der Ausbeutung ganz normal zu finden. Fachmännisch schraubte er den Tankdeckel des Rasenmähers auf und kippte aus einem verbeulten Kanister Benzin hinein. Sofort riss er am Riemen, und die Maschine ratterte los.

Während Latte versuchte, wenigstens eine schmale Schneise bis zum Hauptgebäude in das hohe Gras zu schlagen, verteilte Tom die anderen Geräte. Anthony nahm die Sense und sprang sofort Latte zu Hilfe, der sich bereits das erste Mal festgefahren hatte.

Nick und Tarek suchten sich eine Astschere und eine Säge aus und begannen damit, die größeren Sträucher zu roden.

Die Rosenschere wollte Tom an Fischkopp reichen, aber der schüttelte nur den Kopf.

»Hab mir schon selber bewaffnet!«, verkündete er stolz und zog ein verbogenes Brotmesser aus seinem Rucksack.

»Na, hoffentlich verhungert deine Familie bis heute Abend nicht!«, stichelte Nick.

Tom machte sich daran, mit Ästen, Bindfaden und einem Zollstock ihr künftiges Spielfeld abzustecken. So wussten seine Freunde, wo sie das Gestrüpp beseitigen sollten. Ein Rechteck entstand. Verzückt starrte Tom auf die Holzstecken. Eckfahnen haben wir schon, dachte er, jetzt fehlt nur noch der Platz!

Der nahm zusehends Gestalt an. Stolz betrachtete Tom seine fünf Freunde, die in der Sonne ackerten. Die ungewohnte, harte Arbeit setzte ihnen zu, das sah Tom deutlich. Aber keiner beklagte sich. Und auch in ihm meldete sich der Tatendrang zurück. Deshalb schulterte er das schwere Beil und marschierte geradewegs in den Vorstadtdschungel.

Mit viel zu vielen, ungeschickten Schlägen fällte er eine kleine Birke. Das war kein Zuckerschlecken!

Gegen Mittag hatten die sechs Jungen das Gestrüpp schon deutlich gelichtet.

Nach einer kurzen Pause tauschten sie die Geräte, denn außer Latte, der aus der Gastwirtschaft schwere Arbeit gewohnt war, hatten alle dicke Blasen an den Händen.

Sie rissen Wurzeln aus, kappten Brombeerranken und mähten mit der Sense das hohe Gras.

Anthony und Tom trugen dicke Balken und Schrottteile an die Seite. Längst hatten sie ihre T-Shirts ausgezogen, und Tom spürte die brennende Sonne auf seiner Haut. Trotzdem gönnte er sich keine Ruhe, bevor Latte den Rasenmäher wieder anwarf und ihn über die nun fast ebene Fläche hinwegschob.

Währenddessen gruben die Zwillinge je zwei tiefe Löcher an den Längsseiten des Spielfelds. Anthony und Tom versenkten darin starke Balken. Nun hatten sie sogar richtige Torpfosten – wenn auch etwas windschiefe.

Als am späten Nachmittag die Arbeit beendet war, ließen sich die Jungen rückwärts auf ihr Spielfeld fallen. Tom blieb als Einziger stehen. Er war so müde, dass er befürchtete, nicht wieder aufstehen zu können, wenn er erst einmal lag. Tiefe Zufriedenheit durchströmte ihn. Glücklich blickte er über die stoppelige Wiese, die noch am Morgen beinahe unbegehbar gewesen war.

»Unser eigener Fußballplatz!«, rief er und sprang in die Luft. »Hier vertreibt uns niemand mehr!«

»Genau! Jippih!«, stimmte Fischkopp in den Jubel ein und griff zum Ball. »Los! Keine Müdigkeit vorschützen! Ich mit dich und Latte gegen den Rest!«

Mutprobe

Wer das liest, kann nicht Fußball spielen!

Tom und Anthony starrten auf den Spruch, der mit großen roten Buchstaben auf die Straße vor der Schule gepinselt war.

»Warum lassen uns die Grimmigen nicht in Ruhe?«, fragte Anthony wütend. »Wir haben denen doch nichts getan!«

Tom schilderte ihm den Zwist, der schon seinem Vater blaue Flecken eingebracht hatte.

»Es gab viele Versuche, Frieden zwischen den Schulen zu schließen, aber die Haudegen behielten bislang immer die Oberhand!«

»Ist doch blöd!«, kommentierte Anthony nur und ging kopfschüttelnd weiter.

Im anschließenden Geschichtsunterricht bei Doktor Kress wusste Tom gar nicht, wie er sich hinsetzen sollte. Überall war ein schmerzender Muskel im Weg. Aus dem leisen Stöhnen hinter ihm schloss er, dass es seinen Freunden ähnlich ging.

Trotzdem hörte er aufmerksam zu. Fremde Reiche und Kulturen hatten ihn schon immer interessiert. Weil ihre Schule Am Römerwall hieß, hatte ihr Rektor als erstes Thema das Römische Reich gewählt. Heute berichtete er über das Heer unter Julius Caesar.

»Ein Zenturio befehligte eine Zenturie, also einhundert Legionäre«, erklärte er und lief mit dem Bügel seiner Brille im Mund vor der Klasse auf und ab.

»So wie der Kress stolziert, hält er sich wohl selber für einen Feldherrn, was?«, zischte Latte.

Die Klasse kicherte, aber ihr Lehrer war so in die Zeit der Römer versunken, dass er das Lachen nicht registrierte. Und je tiefer er versank, desto langweiliger wurde sein Vortrag.

Schließlich konnte selbst Tom ihm nicht mehr folgen, und die Bande seines Vaters schoss ihm wieder in den Kopf: Die Wölfe! Eigentlich war ja eine Fußballmannschaft auch so etwas wie eine Bande. Verschworen hielten alle zusammen, es gab einen Gegner, den man besiegen musste, alle kämpften gemeinsam für ein Ziel. Nur dass eine Fußballmannschaft mit den Füßen kämpfte und nicht mit den Fäusten.

»Jetzt, wo wir einen eigenen Platz haben, sind wir doch ein richtiger Fußballclub, oder?«, fragte Tom seine Freunde in der Pause.

»Klar!«, bestätigte Latte.

Auch die anderen nickten.

»Dann brauchen wir natürlich einen Namen!«

»Wie wär's mit FC Spuk Sägewerk!«, platzte Fischkopp heraus. Stolz sah er zu seinen Freunden auf.

Nick verdrehte die Augen.

»Ist doch Kinderkram. Warum nicht gleich Borussia Fischkopp? Nee, wir brauchen einen richtig guten Namen.«

»Genau, einen der zeigt, dass wir zusammenhalten, egal was kommt!«, meinte Tarek.

Fieberhaft grübelten die Jungen. Erst als es wieder zum Unterricht läutete, klatschte Tom in die Hände. »Ich hab's!«

Seine Freunde starrten ihn an.

»Spuck's aus!«, forderte Anthony. »Lass dir doch nicht alles aus der Nase ziehen!

Tom schüttelte den Kopf. »Erst heute Abend. Besser gesagt, heute Nacht, nach einer Mutprobe. Wer die besteht, hat das Zeug, in unserer Mannschaft mitzuspielen und wird in den Club aufgenommen!«

Tom genoss die verblüfften Gesichter seiner Freunde.

»Ist ja irre!«, meinte Latte.

»Und wo soll das Ganze stattfinden?«, wollte Nick wissen.

»Na, ist doch klar. Um Mitternacht am Sägewerk!«

Vom Unterricht bekam Tom nicht mehr die kleinste Silbe mit. Im Kopf malte er sich schon genau die Mutprobe aus. Ständig lächelte er verschmitzt und rieb sich die Hände, was seine fußballverrückten Freunde noch verrückter machte. Doch so sehr sie ihn auch mit kleinen Zettelchen bombardierten, er verriet kein Wort.

Seine Eltern schoben es auf die Anstrengungen des Schulwechsels, dass Tom sich noch vor Hannes ins Bett verzog.

Wenn die wüssten!, dachte er. Dann stellte er seinen Wecker und stopfte ihn unter das Kopfkissen.

Um 23 Uhr 15 klingelte er dumpf. Sofort fühlte Tom das besondere Kribbeln in sich aufsteigen, das nur auftaucht, wenn man mitten in der Nacht durch ein dunkles Haus schleichen muss.

Nachdem er sicher war, dass sowohl Hannes als auch seine Eltern friedlich schliefen, schlüpfte er in seine Kleidung, tappte die Treppe hinunter und zog die Haustür leise hinter sich ins Schloss. Seine prallgefüllte Sporttasche lag hinter den Mülltonnen versteckt. Um weniger Krach zu machen, stieg Tom auf sein BMX-Rad. Er sauste durch die Nacht, das Herz wild klopfend vor Aufregung und Nervenkitzel.

Als wüsste er von ihrer Mutprobe, lächelte der Mond rund und schön vom Himmel hinab.

»Perfekt!«, murmelte Tom, als er auf das Gelände des Sägewerks einbog. Im fahlen Mondlicht wirkten die Backsteingebäude wie eine mittelalterliche Burg. Vorbeihuschende Wolken zauberten gespenstische Schatten an die Mauern.

Ein Schauer lief Tom über den Rücken. Wenn jetzt ein

Uhu schreit, dachte er, verstecke ich mich hinter Fischkopp!

Schnell packte Tom die Utensilien aus seiner Tasche und bereitete alles vor. Als Nick und Tarek auftauchten, war der Weg durch die Büsche und über das Spielfeld mit Kerzen gesäumt.

Die Zwillinge waren von der mysteriösen Stimmung fasziniert.

»Die ideale Kulisse für einen Gruselschocker!«, meinte Nick.

»Genau, für den Kassenschlager: Tom, der Teeny-Blutsauger!«, fügte Anthony hinzu, der gerade vom Fahrrad stieg.

Plötzlich erschallte ein grelles »Buuuuuuuuuuuuh!«.

Tom zuckte zusammen, dann erkannte er die Stimme.

»Komm raus, Latte!«

Grinsend stolperte der Witzbold aus einem Busch.

»Ich wollte doch nur sehen, wie Fischkopp sich in die Hosen macht!«, kicherte er.

»Da kannste aber lange buhen«, glaubte Nick. »Unser Kleiner kneift natürlich.«

»Da wär ich mich nicht so sicher!«, rief Fischkopp.

Auf seinem orangefarbenen Damenklapprad holperte er die Straße entlang.

Stolz, dass ihm die Überraschung gelungen war, schilderte Fischkopp, wie er seine Eltern ausgetrickst hatte.

»Ich hab drei Kissen hintereinander unter meine Decke gestopft und an die Unterseite noch meine Sandalen gelegt. Jetzt sieht es aus wie ich, wenn ich im Bett liege!«

Latte musste lachen. »Schlafen deine Eltern denn auch mit Schuhen?«

Fischkopp schlug sich mit der flachen Hand an die Stirn. »Manchmal bin ich echt ein bisschen dämlich!«

Da läutete die Kirchturmglocke im Ort zwölfmal. Mitternacht. Die Jungen wurden still. Tom griff umständlich in seine Hosentasche und zog einen blitzenden Gegenstand hervor.

»Was ist denn das?«, fragte Tarek.

»Na, ein Dietrich, siehste doch!«, antwortete Latte.

»Genau. Und mit einem Dietrich öffnet man Türen, für die man keinen Schlüssel hat. Kommt mit!«

Tom ging durch die Allee der Kerzen voran zum Tor des Turms. Still genoss er den Glanz in den Augen seiner Freunde, die vor Spannung den Atem anhielten.

Der aus Schräubchens Sammlung entliehene Dietrich passte genau ins Schloss. Mit einem Quietschen schwang die schwere Eisentür auf.

Fischkopp entwich ein ähnlicher Laut.

»D… dddd… da ist schon jemand drin!«, zischte er mit Grausen in der Stimme. »Da sind Kerzen an!«

Beinahe hätte Tom laut losgelacht, aber er hielt sich zurück, um die geheimnisvolle Stimmung nicht zu zerstören.

»Das war ich, du Muthase! Ihr geht jetzt einer nach

dem anderen lautlos bis nach ganz oben. Zur Belohnung lauert dort eine Überraschung. Wer traut sich als Erster?«

Fischkopp ging unauffällig einen großen Schritt rückwärts.

»Ich mach's!«, flüsterte Anthony mit fester Stimme und verschwand im Treppenhaus des Turms.

Als nach einer Weile seine Schritte verhallten, folgten ihm Nick, dann Latte, dann Tarek. Nur Fischkopp stand noch mit weit aufgerissenen Augen neben Tom.

»M… m… mir kriegen da keine zehn Pferde hoch!«, stammelte er. »Kein Einziger ist lebend zurückgekehrt!«

»Wir gehen zusammen«, schlug Tom vor und hakte ihn unter.

Auch Tom war es mit dem zitternden Freund am Arm plötzlich nicht mehr ganz geheuer. Vor einer halben Stunde hatte er auf jeden Treppenabsatz ein Teelicht gestellt, jetzt erschienen sie ihm wie Grableuchten. Die winzigen Flammen flackerten wie von einer unsichtbaren Hand gestreift und tauchten das Turminnere in ein gespenstisches Licht.

Als sie endlich vor einer schwarz verhängten Tür ankamen, krallte sich Fischkopp noch fester in Toms Hemdsärmel.

»Jetzt musst du alleine weiter!«, flüsterte Tom. »Die anderen brauchen unser Geheimnis nicht zu wissen, oder?«

Fischkopp starrte ihn mit Grauen in den Augen an, dann schob er den Stoff zur Seite und verschwand.

Tom wartete einen Augenblick, dann trat auch er ein.

Wie er es vorausgeahnt hatte, sahen sich seine Freunde staunend um.

»Willkommen in unserem Clubheim!«, raunte Tom. Zwei Schreibtische, vier Bürostühle, Rollschränke und alte Schreibmaschinen standen herum. Früher einmal war hier im dritten Stock des Turms ein Büro gewesen. Jetzt war es die Heimat ihres Fußballvereins.

»Und wer von uns ist ein Affe?«, fragte Fischkopp. Er zeigte auf ein Tuch zwischen den verdreckten Fenstern, auf das Tom einen Spruch gesprüht hatte. Seine Spraydosen hatte Tom immer dabei – falls ihm eine Mauer begegnete, die dringend nach Farbe verlangte.

»Das heißt nicht Affe, sondern Ave. *Ave Legionäre!*«, erklärte Tom lachend.

Anthony hatte im Unterricht aufgepasst.

»Ave? Das heißt doch *Seid gegrüßt*, oder?«

»Genau so ist es. Das ist der Name unseres Fußballclubs. *Die Legionäre!*«

Toms Freunde waren begeistert.

»Hört sich echt gefährlich an!«, meinte Latte.

»Fast wie eine Bande«, sagte Fischkopp.

»Genau. Und jetzt müssen wir bei unserem Leben schwören, dass wir immer zusammenhalten!«, fiel Tarek ein.

»Und mit unserem Blut besiegeln, sonst gilt es nicht!« Nick zog eine Anstecknadel aus dem Jackenaufschlag.

Anthony hob eine bauchige Kerze und leuchtete ihnen in die Gesichter. Tom machte den Anfang.

»Ich schwöre, dass ich die Ehre der Legionäre immer verteidigen werde, egal, wer sie beschmutzt!«

Nick legte ihm den Anstecker in die Hand. Tom zögerte kurz, dann stach er sich in den Zeigefinger. Wie kann ein kleiner Piks nur so schmerzen?, fragte er sich, verzog aber keine Miene. Den hervorquellenden Blutstropfen verrieb er auf der Fingerkuppe und drückte ihn unter das Ave.

Jetzt war er für immer und ewig ein Legionär!

Anthony, Nick, Tarek und Latte wiederholten die Zeremonie. Als Fischkopp an der Reihe war, wollte ihm Tom schon erlauben, statt des Bluts einfach den Finger über einer Kerze zu schwärzen. Fischkopp aber pikste sich beherzt in den Daumen und marschierte mit großen Schritten zur Wand. Stolz setzte er seinen Fingerabdruck neben die anderen auf das Tuch.

»Wir sind die Legionäre!«, riefen sie stolz und formierten einen Kreis. Tom spürte mit jeder Faser seines Körpers die ungeheure Kraft, die von diesem Zusammenschluss ausging.

»Jede Legion braucht auch einen Zenturio«, warf Anthony in die Runde. »Ich schlage vor, dass Tom dieses Amt übernimmt. Gleichzeitig ist er unser Kapitän!«

Latte, Fischkopp und die Zwillinge raunten zustimmend. Plötzlich fiel die Tür krachend ins Schloss. Fischkopp kreischte auf: »Da! Ein Untoter! Ein Geist hat uns eingesperrt!«

Tom bekam eine Gänsehaut. Neben der Tür stand ein langer dürrer Mann mit einem Schlapphut!

Dann fiel die Anspannung von ihm ab.

»Genau, Fischkopp. Ein untoter Kleiderständer. Da hat wohl vor 30 Jahren einer seinen Hut vergessen!«

Die Jungen lachten erleichtert.

»Und hiermit bekommen wir auch diese Tür wieder auf«, fuhr Tom fort. Er zog den Dietrich aus der Tasche und stocherte damit im Schloss herum.

»Hoffentlich«, seufzte Fischkopp und sah seinem Kapitän gespannt zu.

Endlich machte es *Klick!*, und die Tür sprang auf.

»Freunde, ich denke, es ist wirklich Zeit, nach Hause zu gehen«, sagte Tarek, als sie wieder unten im Hof standen. »Sonst sehen wir vor lauter Müdigkeit noch mehr Gespenster.«

Einzug

Die Müdigkeit, die ihnen am Vormittag in der Schule das Aufpassen unmöglich gemacht hatte, fiel von den Legionären ab, als sie sich zum Kicken auf ihrem Platz trafen.

Tom und die Zwillinge waren die Ersten und spielten, um sich die Zeit zu vertreiben, zu dritt auf ein Tor. Fußball war für Tom viel mehr als ein Spiel. Selbst bei diesen kleinen Duellen ärgerte er sich über jeden Gegentreffer und rannte über den Platz, bis sein Kopf vor Anstrengung ganz heiß war. Da Nick und Tarek ebenfalls alles aus sich herausholten, waren die drei schon ziemlich abgekämpft, als Latte, Anthony und Fischkopp auftauchten.

Zur Überraschung aller brachte ihr Kleinster einen weiteren Jungen mit. Etwas verschämt führte ihn Fischkopp auf den Platz. Tom musterte den Neuen. Er war lang und dürr. Der Pony seiner mittellangen braunen Haare hing ihm in die Augen. Das Auffallendste an ihm war ohne Zweifel ein fingerkuppengroßes Muttermal auf der rechten Wange.

»Ich bin Bernhard!«, stellte sich der Junge knapp vor.

»Genau, das ist Bernhard!«, wiederholte Fischkopp mit vor Aufregung bebender Stimme. »Ich hab ihm von unserem Fußballclub erzählt, und er wollte gleich mitmachen!«

Bernhard pustete sich die Haarspitzen aus den Augen.

»Na ja, eigentlich hat mich Fischkopp stundenlang bekniet, bis ich endlich zugestimmt habe. Wie bei einem Rendezvous!«

»Einem was?«, fragte Latte nach.

»Ein Rong-de-wu, ist französisch und heißt Verabredung!« Fischkopp kicherte. »Ist er nicht toll? Bernhard macht mit seiner Mutter immer so ein Spiel, wo man komische Wörter legen muss.«

»Scrabble. Ich spiele mit meiner Mutter Scrabble«, erklärte Bernhard.

Anthony war der Erste, der ihm die Hand hinhielt. »Schön, dich kennenzulernen. Bist du nicht in der 5b?«

Bernhard nickte. »Ja. Aber jetzt will ich Fußball spielen!«

»Das ist ein Wort!«, rief Nick.

Er warf den Ball hoch in die Luft, fing ihn mit dem Innenrist ab und kickte ihn direkt zu Bernhard. Der knallte ein paar Schüsse über den Platz, dass Latte es mit der Angst zu tun bekam.

»Ich nenn dich nur noch Bumm-Bumm-Bernhard!«, knurrte er nach einer guten Stunde, als er wieder einmal hinter sich ins Tor greifen musste. Alle waren sich einig: Bumm-Bumm-Bernhard war eine echte Verstärkung für ihre Mannschaft!

Als sie eine Pause einlegten, zischte Fischkopp seinem Kapitän zu: »Komm, wir zeigen ihm unser Clubheim!«

Toms Augen glänzten, als sie oben im Turm ankamen, doch Bernhards Reaktion enttäuschte ihn.

»Und darauf seid ihr so stolz?«, fragte er ernüchtert. »Das ist ja ganz kahl!«

Tom spürte schon die Vulkanwut in sich aufsteigen. Was bildet dieser Typ sich eigentlich ein!, schnaubte er innerlich. Kommt hier her und meckert sofort! Dann aber sah er sich um und musste Bernhard recht geben. Jetzt, wo der Zauber der Nacht verflogen war, hatte sich das geheimnisvolle Hauptquartier wieder in ein schäbiges, schmutziges Büro mit hässlichen Möbeln verwandelt. Er ließ sich auf einen unbequemen Drehstuhl sinken.

»Klar, das ist ein bisschen langweilig eingerichtet«, meinte auch Tarek. »Aber dafür gehört es uns.«

»Woher sollten wir auch schicke Möbel haben?«, fragte Anthony in die Runde.

»Bei uns im Viertel ist heute Sperrmüll«, antwortete Bernhard. »Auf dem Weg hierher habe ich jede Menge tolle Sachen gesehen. Vielleicht sind die noch da!?«

Tom sprang sofort von seinem Stuhl auf.

»Ausschwärmen, Legionäre! Worauf warten wir noch!«

Zwei Stunden später trudelten die Jungen schwerbeladen wieder im Hauptquartier ein. Mit großen Augen betrachtete Tom die Schätze, die seine Freunde heranschleppten.

Anthony schob vorsichtig sein Fahrrad. Über Sattel und Gepäckträger hing ein riesiger Flickenteppich.

»Hat nur ein Brandloch!«, rief er schon von weitem.

Er wuchtete ihn neben den kaum verbogenen Kronleuchter, den Tom gefunden hatte. Gemeinsam schleppten sie ihre erbeuteten Fundstücke ins Hauptquartier. Die Zwillinge brachten zwei Lautsprecherboxen an sowie eine alte hölzerne Truhe samt Schlüssel. Bernhard hatte jede Menge Bettbezüge mit verschlungenen Mustern gefunden und hängte gerade die Fenster ab, als ein Mofa heranknatterte: Fass!

Latte hatte seinen Bruder wieder als Lieferanten eingespannt. Er beförderte auf seinem Anhänger ein gemütliches Plüschsofa auf das Gelände.

»Für euren Kinderkram blase ich mein Benzin in die Luft!«, schimpfte Fass, brachte aber nach und nach auch noch drei passende Sessel vorbei.

»Kostet mich einmal Zimmer aufräumen!«, verriet Latte. »Und das bei seinem Saustall!«

Als die sechs Legionäre das Sofa endlich ins Turmzimmer gewuchtet hatten, stand plötzlich Fischkopp im Raum.

»Haltet euch fest!«, brüllte er schon auf der Treppe. »Jetzt kommt der Oberhammer!«

Seine Augen quollen ihm vor Anstrengung fast aus dem Kopf. Mit beiden Armen hielt er einen großen, unscheinbaren Pappkarton umklammert, der offensichtlich sehr schwer war.

»Platz für den Oberhammer!«, feixte Latte, aber als Fischkopp den Inhalt des Kartons auf den neuen Teppich kippte, blieb ihm der Spott im Hals stecken. Auf dem Boden türmten sich Schätze, die ihre Fußballerherzen höher schlagen ließen: WM-Bildbände, Sonderhefte zum Bundesligastart und uralte Poster von unsterblichen Stars.

»Das ist wirklich der Oberhammer!«, musste auch Tom zugeben. Jeder schnappte sich eines der Bücher und vertiefte sich in die Heldentaten der deutschen Nationalmannschaft und in andere legendäre Fußballspiele.

Da gab es *Das Wunder von Bern*, als Deutschland die haushoch überlegenen Ungarn im Finale der Weltmeisterschaft 1954 mit 3:2 besiegte. Ein anderes Spiel wurde *Die Schmach von Cordoba* genannt, als bei der WM 1978 in Argentinien Deutschland gegen Österreich in der Vorrunde verlor und frühzeitig nach Hause fahren musste.

Am meisten imponierte Tom ein Spieler namens Andreas Brehme. Er hatte im WM-Finale 1990 den Mut, als zwei Milliarden Menschen auf der ganzen Welt am Fernseher saßen, kurz vor Schluss des Spiels einen Elfmeter zu schießen. Ohne zu zögern, so stand es in dem Buch, legte sich der blonde Mann den Ball zurecht, lief an und versenkte den Ball im Tor der Argentinier. 1:0, Deutschland war Weltmeister!

So mutig wäre ich bestimmt auch, glaubte Tom, und es würde noch die Zeit kommen, wo er es beweisen könnte!

Zwischen den Büchern fanden die Jungen auch riesige Poster von Franz Beckenbauer, Uwe Seeler und Rudi Völler, die sie an die kahlen Wände hängten. Aus dem Büro war ein echtes Fußballer-Hauptquartier geworden!

Als es Zeit war, nach Hause zu gehen, packten die Legionäre ihre Habseligkeiten in die Truhe und schlossen sie ab.

»In unserer Schatztruhe fehlt jetzt eigentlich nur noch euer Ball!«, rief Tom den Zwillingen lachend zu. Latte nickte heftig.

»Was für ein Ball denn?«, wollte Bernhard wissen.

Tarek seufzte.

»Erzähl du die Geschichte, Nick. Ich hab keine Lust!«

Nick blickte seinen Bruder ernst an, dann sagte er:

»Es ist ein Lederball mit den Originalautogrammen aller Nationalspieler! Letzten Sommer hat unser Vater für kurze Zeit als Koch an einer der Sportschulen gearbeitet, in der die Nationalmannschaft sich auf wichtige Länderspiele vorbereitet. Als Dank für ein ganz besonders gelungenes Menü hat ihm der Mannschaftskapitän eines Abends den Ball überreicht. Wir haben ihn dann zu unserem zehnten Geburtstag bekommen.«

»Mit Geld ist der nicht zu bezahlen«, ergänzte Latte mit leuchtenden Augen. »Die Spieler haben nämlich ihre Unterschriften auf die abgewetzte Pocke gekritzelt, mit der sie den ganzen Tag über trainiert haben.« Er sah in die Runde. »An seinem Leder klebt der Schweiß der 22 besten Kicker Deutschlands!«

»Dann muss der Ball wirklich hierher!«, glaubte auch Bernhard.

Tarek sah zu Boden. »Für mich ist er deshalb so wertvoll, weil er von unserem Vater kommt!«, murmelte er.

»Ihr Vater ist damals von zu Hause ausgezogen. Hat sich verdrückt und nie wieder blicken lassen«, erklärte Tom.

Abrupt sprang Tarek vom Sofa und stürzte mit großen Schritten die Treppe hinunter.

Toms Magen zog sich zusammen. Manchmal könnte er sich ohrfeigen für seine große Klappe! Hastig eilte er seinem Freund hinterher. Tarek stand an der Laderampe und versteckte sein Gesicht in der Armbeuge. Tom wusste, dass er weinte.

»Tut mir leid, dass ich dir weh getan habe!«, murmelte er Tarek ins Ohr und legte ihm den Arm um die Schulter. Zu Toms Verblüffung drehte sich Tarek um und weinte an seiner Brust. Wortlos streichelte er über die blonden Stoppelhaare seines Freundes.

Als die übrigen Legionäre lärmend die Treppe heruntergestiefelt kamen, sah Tarek auf und sagte leise: »Danke, Tom.«

Rasch setzte er sich aufs Fahrrad und fuhr davon.

Die Wette

»Stopp! Wo willst du hin?«

Tom wollte gerade zum Fußballplatz, als sich ihm seine Mutter in den Weg stellte.

Tom verdrehte die Augen. »Mama! Ich bin kein Kind mehr!«

»Mein Kind wirst du für immer bleiben. Und von meinem Kind möchte ich wissen, wo es sich seit Tagen herumtreibt!«

Tom sah ihr ins Gesicht. Seine Mutter war eine hübsche Frau, vor allem aber war sie klug. Vor seiner Geburt hatte sie Psychologie studiert. Als Hannes dann in den Kindergarten gekommen war, eröffnete sie ihre eigene Praxis als Therapeutin. Jeden Vormittag half sie nun Menschen, ihre Probleme in den Griff zu bekommen.

Dabei hatte sie allerdings schnell gelernt, Lügen zu durchschauen. Auch heute würde sie erbarmungslos bleiben, bis er die Wahrheit sagte. Tom seufzte. Den Schwur der Legionäre durfte er nicht brechen. Schließlich war er Zenturio!

»Ich gehe Fußball spielen!«, sagte er einfach.

»Da ich im Nebenberuf Hellseherin bin, weiß ich das schon!« Sie deutete auf den Ball unter seinem Arm. »Und wo?«

Tom streckte sich, um seinen Worten mehr Gewicht zu geben.

»Ich habe geschworen, es keinem Erwachsenen zu verraten!«

Jetzt erst merkte er, dass bei diesem Satz jede Mutter hellhörig werden musste. Als er ihren kritischen Blick sah, fügte er schnell hinzu:

»Es sind alles Jungen aus meiner Schule. Keine Verbrecher, keine Messerstecher, keine Mädchen!«

Seine Mutter musste lachen.

»Ob Verbrecher oder Messerstecher mitspielen, ist mir egal – solange nur keine Mädchen dabei sind!«

Jetzt prustete auch Tom los.

»Kannst mir vertrauen, Mama!«, sagte er grinsend. »Ich mache nichts, was Papa als Kind nicht auch gemacht hätte!«

»Genau das befürchte ich ja!«, gab sie zur Antwort, nahm ihn aber in den Arm und drückte ihn an sich.

»Ich muss mich eben erst daran gewöhnen, dass mein Kind kein Kind mehr ist. Also, viel Spaß beim Fußball!«

Damit öffnete sie die Tür und entließ ihn in die Freiheit.

Obwohl Tom aufgehalten worden war, traf er als Erster am Hauptquartier ein. Er setzte sich auf die Laderampe, schaute dem Sekundenzeiger seiner Armbanduhr zu, wie er seine Runden drehte, und wurde zunehmend wütender. Nun hatten sie endlich einen Fußballplatz, aber die Spieler hatten keine Lust mehr!

Nach und nach trudelten Latte, Fischkopp, Bernhard und Anthony ein. Zuletzt kamen Nick und Tarek. Auf einem Fahrrad mit Ernie- und Bert-Aufklebern folgte ihnen Maja, ihre sechsjährige Schwester.

»Was will die denn hier?«, platzte es aus Tom heraus.

»Unsere Mutter ist in der Sauna. Wir hatten die Wahl, entweder Maja mitzubringen oder zu Hause zu bleiben«, antwortete Nick gereizt. »Wofür hättest du dich entschieden?«

»Ist doch okay, wenn sie dabei ist«, meinte Anthony beschwichtigend. »Das Gelände ist schließlich groß genug!«

»Maja plappert uns bestimmt ins Spiel rein!«, befürchtete Tom. »Mein Bruder würde das jedenfalls tun!«

»Maja ist nicht dein Bruder, kapiert!«, motzte Nick.

Latte lachte, aber Nick blitzte ihn böse an.

»Ich hab eine Idee!«, brüllte Fischkopp dazwischen. »Wir bauen einen Spielplatz für Maja!«

Die Legionäre starrten ihn fassungslos an.

Fischkopp wurde rot wie eine Tomate. Verlegen meinte er: »Na ja, hier liegen doch jede Menge Autoreifen rum! Wenn wir die zu einer Pyramide stapeln, kann Maja darauf herumklettern … wenn sie sich nicht langweilt, stört sie uns auch nicht, oder?«

»Mann, Fischkopp, das ist spitze!«, rief Tom.

Auch die Zwillinge waren zufrieden. »Eine Reifenpyramide findet Maja sicher klasse«, sagte Tarek.

»Na, dann nichts wie ran an die Arbeit!«, rief Tom entschlossen.

Gemeinsam rollten die Legionäre einen Reifen nach dem anderen über das Gelände und türmten sie neben dem Fußballfeld auf. Jauchzend umtanzte Maja die wachsende Pyramide.

»Die ist bestimmt für eine Weile beschäftigt!«, schätzte Anthony, als sie fertig waren.

Und wirklich tauchte Maja sofort in ihrem Reifenlabyrinth unter.

Tom teilte die Mannschaften ein. »Nick, Tarek und ich gegen den Rest!«, rief er.

Sie legten los. Da Toms Truppe einen Mann weniger hatte, durfte stets derjenige, der dem Tor am nächsten war, den Ball in die Hand nehmen. Fliegender Torwart nannten sie das, oder kurz Fliege.

Tom spielte natürlich vorne. Ein paarmal zirkelte er tolle Flanken von Nick direkt in Lattes Kasten. Doch dann stellte sich Bernhard vor Latte, und Tom dribbelte sich immer wieder an dem Verteidiger fest.

Plötzlich unterbrach sie ein Brüllen von Maja. Tom

wollte schon zurückbrüllen, stockte aber, als er den Grund für das Geschrei sah: Maja hockte auf dem Arm von Bombasti, der ihr grinsend die kleinen Hände festhielt, weil sie sich zu wehren versuchte. Mike, der Muskel und Carlos, ein gemeiner Armumdreher mit einer Abneigung gegen Seife, folgten ihrem Chef.

»Lass mich los!«, kreischte Maja.

Sofort rannten die Legionäre zu den drei Grimmigen herüber.

»Sind wir hier richtig in der Krabbelgruppe Sandmännchen?«, feixte Bombasti überheblich.

»Krabbelgruppe is super, Bombasti!«, johlte Mike.

»Lass sofort meine Schwester los!«, keifte Nick, bereit, sich auf Bombasti zu stürzen. Doch der setzte die zeternde Maja freiwillig wieder auf den Boden.

»Da, lauf zu deinem Bruder. Sonst machst du dir noch auf meinem Arm in die Windeln!«

»Ich hab keine Windel mehr, du Blödi!«, schimpfte Maja und versuchte, Bombasti ans Bein zu treten.

Tom spürte, wie die Vulkanwut in ihm aufstieg. Dieser Typ hat hier nichts zu suchen!, schoss es ihm durch den Kopf. Dies war ihr Platz. Zutritt für Unbefugte verboten!

Bombasti sah das offensichtlich anders. Abschätzig schaute er sich um. »Toller Platz ist das hier!«, meinte er grinsend.

Fischkopp merkte nicht, dass sich Bombasti über sie lustig machte, und sagte strahlend: »Echt, gefällt er dich?«

Bombasti nickte. »Ja, als Müllhalde!«

Mike und Carlos taten, als müssten ihre Bäuche vor Lachen platzen. Tom ballte die Fäuste.

»Und diese krummen Stöcke da in der Erde«, fuhr Bombasti fort, »markieren wohl die Tore, damit ihr Blindschleichen auch den Eingang findet, was?«

»Das sind die Pfosten, du … du … du Blödi!«, rief ihm Fischkopp entgegen. Wieder kringelten sich die Grimmigen. Tom sah, wie Fischkopp die Tränen in die Augen schossen. Das brachte den Vulkan zum Überkochen! Tom sprang zwei Schritte nach vorn, packte Bombasti am Kragen seines Poloshirts und hielt ihm die Faust unter die Nase. »Wir spielen doppelt so gut Fußball wie ihr, kapiert?«, schnaubte er. Tom sah wütend, wie es Bombasti mühsam gelang, ruhig zu bleiben.

»Dass ich nicht lache!«, presste er hervor. »Ihr könnt doch nicht mal einen Ball von einer Apfelsine unterscheiden!«

Sein überhebliches Grinsen brachte Tom zur Weißglut!

»Wir werden dir schon das Gegenteil beweisen!«, zischte er, noch immer mit erhobener Faust. »Hiermit fordere ich euch zu einem Duell heraus! Die Legionäre gegen die Grimmigen!«

»Ihr Witzfiguren gegen den Goldenen Jahrgang?«, jauchzte Bombasti amüsiert.

Tom schloss seine Faust noch fester. »Genau. Und die

Legionäre werden siegen!«, brüllte er Bombasti ins Gesicht. »Und dann lasst ihr uns endlich in Ruhe Fußball spielen!«

Bombasti winkte ab. »Vergiss es! Für euch Clowns stellen wir noch nicht mal die Eckfahnen auf!«

Plötzlich war Nick bei Tom und baute sich neben seinem Kapitän auf. »Wir sind keine Clowns«, rief er wütend. »Damit das auch in deine hohle Birne geht, erhöhe ich den Wetteinsatz: Wenn wir gewinnen, herrscht ab sofort Frieden zwischen den Schulen!«

Mike lachte verächtlich. »Ihr und gewinnen – und wenn nicht?«

»Sollten wir verlieren ...« Nick starrte eine Sekunde lang zu seinem Bruder herüber, dann bückte er sich und holte den Ball mit den Autogrammen aus seiner Sporttasche.

»Wenn wir verlieren, bekommt ihr den hier!«

Nick warf Bombasti das wertvolle Stück wie eine Apfelsine in die Hände. Am liebsten wäre Tom hinterhergesprungen. Dem Goldenen Jahrgang ein Spiel vorzuschlagen war verrückt, aber diesen Schatz als Preis anzubieten war blanker Wahnsinn!

Bombasti betrachtete ihn von allen Seiten. Beeindruckt pfiff er durch die Zähne.

»Das ist also euer berühmter Ball«, murmelte er und versuchte, die Autogramme der Nationalspieler zu entziffern.

Nick nahm ihm das Leder wieder ab. »Gib dir keine Mühe, dazu muss man schon lesen können. Also, nimmst du die Wette an? Frieden gegen Ball?«

Bombasti löste seinen gierigen Blick von Nicks Händen und schaute Tom direkt ins Gesicht. »Abgemacht, die Wette gilt. Wir stellen folgende Bedingungen: Das Spiel findet am Samstag in drei Wochen, also heute in 25 Tagen, statt. Wir spielen 90 Minuten, aber nicht hier!«

Er zeigte angewidert auf ihren Platz. Tom zitterte vor angestauter Wut. »Schon kapiert, wir spielen bei euch im Stadion!«, fiel er Bombasti patzig ins Wort. »Und danach müssen wir deine dämliche Visage hoffentlich nie mehr wiedersehen!«

»Träum weiter, Blondchen!«, rief Bombasti und wandte sich zum Gehen.

Tom wollte ihm noch einen Tritt in den Hintern geben, doch Anthony hielt ihn fest, bis die drei Grimmigen das Gelände verlassen hatten.

»Euch machen wir fertig! So fertig wie Fertigsuppe aus der Tüte!«, schrie Tom ihnen nach.

»Träum weiter, Blondchen!«, murmelte Tarek verzweifelt.

»Nenn mich nicht so, wenn dir dein Leben lieb ist!«

»Wie soll ich dich denn sonst nennen, höh?«, fragte Tarek bitter. »Den großen Zenturio? Weil du dich gekränkt fühlst, ist mein Ball futsch! Und mein sauberer Bruder steigt auch noch mit ein!«

Nick stellte sich an Toms Seite.

»Was hätten wir denn tun sollen, du Schlaumeier? Uns von diesen Idioten weiter demütigen lassen? Wir haben schließlich alle geschworen, die Ehre der Legionäre zu verteidigen, egal, wer sie beschmutzt. Und gerade der Arsch Bombasti sollte eine Ausnahme sein?«

Tarek schüttelte den Kopf.

»Das mit dem Spiel war ja keine schlechte Idee, aber dass du unseren Ball einfach zum Fenster rausschmeißt. Das Einzige, was wir von Papa noch haben!«

Böse starrte er seinen Bruder an.

»Streitet euch nicht«, bat Anthony seine Freunde ruhig. »Wir wollten doch immer zusammenhalten, oder? Sonst haben uns die Grimmigen genau da, wo sie uns haben wollen. Unsere Mannschaft kann …«

Tarek fiel ihm ins Wort: »Mannschaft? Was denn bloß für eine Mannschaft? Ich war in Mathe immer gut – und ich zähle nur sieben Mann. Sieben! Und wir spielen so, wie wir lustig sind. Heute Stürmer, morgen Abwehr – das ist doch keine Mannschaft!«

Bernhard nickte. »Tarek hat recht. Wir sind sieben Jungen mit Spaß am Fußball, aber die sind ein Team. Mit reichlich Erfahrung und jeder Menge Training auf dem Buckel.«

Tom wollte so etwas nicht hören. Wütend kickte er seinen Ball gegen die Backsteinmauer. »Und wir gewinnen doch!«

Tarek lachte spöttisch.

»Träum weiter, der Ball ist futsch!«, grummelte er.

»Wer nicht wagt, der nicht gewinnt, sagt meine Oma immer«, widersprach Latte.

Tom wollte ihm für den Beistand danken, doch als er Latte ansah, bemerkte er seinen niedergeschlagenen Blick. Niemand hier schien an einen Sieg der Legionäre zu glauben. Selbst Fischkopp kaute nur gedankenverloren an seinen Fingernägeln.

»Ich habe Hunger!«, quakte plötzlich Maja.

Tarek lächelte seine kleine Schwester an.

»Wir fahren jetzt heim!«, versprach er ihr und stieg auf sein Fahrrad. »Nick kann sich ja überlegen, ob er sich traut mitzukommen!«

Seufzend folgte Nick seinen Geschwistern.

»Vielleicht kann ich dem Sturkopf zu Hause noch klarmachen, dass wir keine andere Chance hatten!«, rief er seinen Freunden zu.

»Hatten wir die wirklich nicht?«, zweifelte Bernhard.

Keiner antwortete.

Aufwachen

Eisiges Schweigen herrschte am nächsten Morgen zwischen den Legionären. Selbst in der ersten großen Pause, die sonst ganz dem Fußball gewidmet war, sprachen sie kein Wort miteinander. Tom hätte auch gar nicht gewusst, was er noch sagen könnte. Es ist wie in einer Sackgasse, dachte er. Und den anderen geht es bestimmt genauso.

Anthony brach schließlich den Bann. In der zweiten großen Pause winkte er alle zu sich.

Tom war insgeheim froh und schlenderte zu seinen Klassenkameraden.

»Ihr glaubt wohl, dass ihr unglaublich cool seid, was?«, schimpfte Anthony los. »Dass ihr mit dieser Wette nichts zu tun habt, oder? Aber wir sind eine Mannschaft, auch wenn einige hier das anders sehen!«

Bernhard blickte beschämt zu Boden.

»Vergesst den Ball, der ist nicht wichtig!«, fuhr Anthony fort.

Tarek blitzte ihn böse an. »Nein, denn hier geht es nicht um den Ball, Tarek. Hier geht es um unseren Frieden! Und dafür lohnt es sich zu kämpfen!«

Das war es, was Tom gebraucht hatte: neuen Mut! Mutig und angriffslustig würde er seine Legionäre in dieses Spiel führen. Er war schließlich ihr Zenturio!

»Anthony hat recht. Wollen wir uns etwa kampflos ergeben?«, fragte er nun in die Runde. Anthony zwinkerte ihm aufmunternd zu »Oder wollen wir furchtlos alles geben, wie echte Legionäre? Wie wollen wir sonst wissen, ob wir sie nicht vielleicht doch besiegen können? Aber gewinnen können wir nur gemeinsam!«

Anthony hob als Erster die Hand.

»Ich bin ein Legionär!«, rief er.

»Legionär!«, rief auch Nick.

Bernhard folgte: »Legionär!«

Latte streckte sich so stolz, als wolle er eine olympische Medaille in Empfang nehmen.

»Legionär!«, trompetete er.

Fischkopp hob zögerlich die Hand. »Legionär! So wahr mich der Schiri helfe!«

Nach kurzem Auflachen starrten sie nun Tarek an. Tom sah, wie es in seinem Freund arbeitete. Ohne Mannschaft kein Spiel, und ohne Spiel keine Hoffnung, den Ball behalten zu dürfen.

Langsam hob er die Hand. Kaum hatte er »Legionär!« gesagt, als der Jubel losbrach.

»Gut, dann starten wir heute unser Training!«, verkündete Tom. »Wir haben 23 Tage Zeit. Die müssen wir nutzen!«

»Ich kenne vielleicht noch einen Mann, der bei uns mitspielen könnte! Der hat echt Courage!«, sagte Bernhard.

»Ku-, was?«, wollte Fischkopp wissen.

»Na, Kampfgeist und so«, wusste Latte.

»Genau«, erzählte Bernhard weiter. »Einer meiner Klassenkameraden war früher mal in einem richtigen Fußballverein. Der ist ein Mordsverteidiger!«

Latte pfiff durch seine Zahnlücke.

»Mensch, warum sagste das denn nicht eher!«, rief er. »Solche Leute können wir doch immer brauchen!«

Auch Tom war sofort einverstanden.

»Klar, bring ihn doch heute Nachmittag gleich mit!«

Bernhard schüttelte den Kopf. »Ich muss gleich nach der Schule zum Dentisten.«

Er schien die fragenden Blicke zu bemerken. »Na, zum Zahnarzt. Aber fragt ihn doch selbst. Ihr erkennt ihn ganz leicht, an dem Fremdkörper hinter seinem Ohr.«

Dann klingelte die Schulglocke.

»Courage. Dentist. Fremdkörper hinterm Ohr!«, seufzte Latte. »Kann der nicht normal reden?«

Fischkopp fasste es offensichtlich als Kompliment auf. »Nein, so spricht nur Bernhard!«

Nach dem Unterricht ging Tom mit Fischkopp zum Klassenraum der 5b. Bernhard sauste an ihnen vorbei.

»Er ist noch da!«, rief er ihnen zu.

Die beiden Legionäre schlichen ehrfurchtsvoll in den Raum. Tom kam sich in fremden Klassenzimmern immer wie ein Eindringling vor. Zum Glück hatte es auch der Lehrer eilig und beachtete sie gar nicht.

»Fremdkörper hinterm Ohr«, wiederholte Tom. Er sah sich unter den letzten Schülern um, die noch herumalberten.

Plötzlich stieß ihn Fischkopp mit dem Ellenbogen an. »Da, das muss er sein!«

Er zeigte auf einen schmalen Jungen, der ganz alleine in der Ecke stand und gedankenverloren seine Tasche packte. Hinter seinen Ohren klemmten die Bügel einer auffälligen Nickelbrille aus Horn.

»Wenn das kein Fremdkörper ist, weiß ich auch nicht!«, flüsterte Fischkopp Tom kichernd zu.

Die beiden Legionäre musterten den Jungen.

Er war mittelgroß und sehr schmächtig. Zu einer Stoffhose trug er ein Karohemd mit angeknöpften Kragenecken und einen roten Pullunder.

»Das soll ein Mordsverteidiger sein?«, wunderte sich Tom. »Ich glaube eher, der ist schon zum Nicken zu schüchtern!«

»Wenn Bernhard es doch sagt, dann stimmt es auch!«, verteidigte Fischkopp seinen Freund.

Tom nickte stumm. Auch wenn ihm die Sache komisch vorkam, ging er geradewegs auf den Jungen zu.

»Hallo, ich bin Tom, das ist Fischkopp. Wir wollten

dich fragen, ob du Lust hättest, mit uns Fußball zu spielen?«

Der Junge wurde jäh aus seinen Gedanken gerissen.

»Ja, wir brauchen jeden guten Mann!«, fügte Fischkopp schnell hinzu.

Wahrscheinlich wird er auch nicht blöder aus der Wäsche gucken, wenn Fischkopp ihm sagt, dass wir vom Mars kommen!, dachte Tom. Doch schließlich konnten sie im Moment nicht wählerisch sein, was neue Spieler anging.

»Wie heißt du denn überhaupt?«

»Ich?«

Der Junge nahm seine Nickelbrille von der Nase und begann, ihre Gläser an seinem Pullunder zu polieren.

»Mario«, hauchte er dann.

»Und du spielst Verteidiger?«

»Ich?«

Tom sah auf die Uhr. Die Befragung dauerte ihm zu lange.

»Okay, Mario! Mein Mittagessen wartet. Kennst du das alte Sägewerk?«

Mario starrte sie immer noch verständnislos an.

»Keine Angst!«, zischte Fischkopp verschwörerisch und zwinkerte ihm zu. »Da spukt es nicht!«

»Ja, ja. Kenn ich!«

»Toll, du kannst ja doch reden!«, entfuhr es Tom. »Wir treffen uns da um drei Uhr. Wahrscheinlich sind wir für dich noch zu schlecht, aber wir arbeiten dran!«

Tom war schon fast an der Tür, als ihm Mario hinterherrief: »Drei Uhr ist gut! Da komme ich direkt von der Messdienerstunde!«

»Messdienerstunde?«, tobte Nick am Nachmittag los, als Mario mit unsicheren Schritten auf den Platz trat. »So sieht der auch aus! Wenn so ein Hosenscheißer schon mitspielen darf, kann auch gleich Maja stürmen!« Er zeigte auf seine kleine Schwester, die gar nicht wusste, was er meinte.

»Blödi!«, meckerte sie ihn an und lief zur Reifenpyramide.

Nick starrte den Jungen in der altmodischen Kleidung feindselig an. »Macht's gut! Ich bin draußen! Mit Hosenscheißern spiele ich nämlich nicht.« Verärgert stampfte Nick zu seinem Fahrrad. Doch weil seine Schritte immer langsamer wurden, ahnte Tom, dass er darauf wartete, zurückgerufen zu werden.

»Bleib hier, Nick!«, rief ihm Anthony nach. »In unserem Team ist genug Platz für euch beide!«

Nick drehte sich zwar um, kam aber nicht näher.

»Noch vor ein paar Tagen hast du dich aufgeregt, dass Bombasti uns ausgelacht hat, bevor er uns überhaupt mal spielen sah«, meinte Anthony. »Und jetzt sollen wir mit Mario das Gleiche machen?«

Fischkopp nickte. »Dann sind wir nicht besser als er!«

Tom sah, wie Nick sich einen Ruck gab. Schließlich kam er auf sie zu. Mario hatte sich während des ganzen Wortgefechts immer weiter aus dem Kreis zurückgezogen und stand nun fast in einem Knallerbsenstrauch.

Nick reichte ihm die Hand. »Ich heiße Arschgesicht!«

Die Legionäre lachten. Nick wurde wieder ernst. »Tut mir leid, ich hab's nicht so gemeint.«

Zögerlich ergriff Mario die Hand und schüttelte sie.

»Und jetzt komm aus dem Busch raus, sonst wachsen dir noch Wurzeln!«, feixte Latte. Diesmal musste auch Mario lachen.

»Vier gegen drei mit Fliege!«, rief Tom.

Tarek holte Nick und Anthony in sein Team, außerdem Latte als Torwart. Tom wählte Mario, den bärenstarken Verteidiger, und Fischkopp.

Schon nach kurzer Zeit lagen sie 0:10 hinten. Mario berührte kaum den Ball, und manchmal zog er sogar schreckhaft die Arme über den Kopf, wenn ein Schuss auf ihn zurauschte. Der bärenstarke Verteidiger scheint einen verdammt schlechten Tag zu haben, dachte der Zenturio bei sich.

Nach dem Spiel warf Tom sich kraftlos ins Gras und bedeckte sein Gesicht mit dem T-Shirt.

Hatte Nick mit der Einschätzung von Mario doch recht gehabt?, fragte er sich im Stillen, als er plötzlich eine nuschelige Stimme hörte, die ihm entfernt bekannt vorkam.

»Iff habf einfach nifft fu Haufe aufgehalten!«

Tom zog das T-Shirt vom Kopf und erblickte Bernhard mit einer ostereigroßen Beule an der Backe. Neben ihm stand ein bulliger Junge in einer Dachdeckerhose.

»Auferdem hat mir Freiner gefagt, daff ihr ihn in der Fule niff getroffen habt. Defhalb habe iff ihn mitgebracht!«

»Du heißt Freiner? Komischer Name!«, wunderte sich Fischkopp.

»Nein, Freiner!«, wiederholte Bernhard.

»Schreiner, um genau zu sein!«, verbesserte der Junge und griff nach einem Bleistift, der hinter seinem Ohr klemmte.

Tom dämmerte es: Das war der Fremdkörper! Sie hatten in der Schule den falschen Jungen angesprochen!

»Waf will der denn hier?«, wollte Bernhard wissen und deutete mit dem Kinn auf Mario.

»Wir dachten, das wäre dein Mordsverteidiger.«

Bernhard schüttelte ungläubig den Kopf. »Firklich? Fieht doch 'n Blinder, daff der kein Verteidiger ift …«

»Wirklich komisch!«, seufzte Tom. »Aber langsam glaube ich auch, dass sich die gegnerischen Stürmer eher kaputtlachen als fürchten, wenn er so weiterspielt. Aber ich bringe es nicht übers Herz, ihn rauszuschmeißen.«

»Vielleicht erleben wir ja ein Wunder«, meinte auch Nick.

»So wie das da?«, fuhr Fischkopp dazwischen. Er

zeigte auf Schreiner, der sich an den Pfosten zu schaffen machte.

»Hilf mir mal bitte, Mario«, rief er und winkte den Jungen zu sich heran. Gemeinsam rissen sie den Pfosten aus der Erde.

»Lebensgefährlich!«, murmelte Schreiner voll konzentriert und kritzelte ein paar Zahlen auf einen Zettel.

»Sag mal, spinnst du?«, brüllte Tom und rannte zu ihm.

»Ift fon gut!«, versuchte Bernhard, ihn zu besänftigen. »Freiner ift nämlich …«

Er unterbrach den Satz, griff sich mit zwei Fingern in den Mund und warf zwei Watteröllchen in die Büsche. »Jetzt reicht's mir!«, sagte er mit missmutigem Gesicht. »Also, ich wollte sagen, dass Schreiners Vater Schreiner ist und er selbst jede freie Minute neben der Werkbank hockt und zusieht. Daher hat er auch seinen Spitznamen. Wenn er was anpackt, dann macht er's auch richtig!«

Schon kurz darauf ahnte Tom, was Bernhard gemeint hatte. Ruhig teilte Schreiner die Jungen in zwei Gruppen ein. Die eine schleppte sechs dicke Balken heran. Die andere grub die Löcher tiefer, während Schreiner die Balken mit der Säge von Lattes Oma in die richtige Länge brachte. Ohne Nägel oder Schrauben befestigte er die Querbalken darauf. Als auch beim stärksten Rütteln nichts mehr wackelte, nickte er zufrieden.

»Alles zu mir!«, kommandierte er. Bewundernd sah

Tom, dass unter Schreiners Anleitung zwei stabile Tore entstanden waren. Mit angespannten Muskeln drückten die neun Jungen sie nun in die Höhe und versenkten die Pfosten in der Erde. Glücklich fielen sich die Legionäre in die Arme.

»Moment! Das Wichtigste kommt noch!«, meinte Schreiner und öffnete die Hose.

»Damit das Holz aufquillt, muss es ordentlich gewässert werden!«

Im hohen Bogen pinkelte er auf die festgetretene Erde rund um den Pfosten.

»Außerdem muss man so ein Tor gebührend einweihen!«

Lachend pinkelten sie an alle vier Pfosten. Dann pfiff Tom ein neues Spiel an, und bald schon musste er anerkennen, dass Schreiner nicht nur ein Mordsschreiner, sondern wirklich auch ein Mordsverteidiger war. Mit Schreiner im Team sind wir dem Sieg ein bisschen näher, dachte er glücklich.

Frust

Am Freitagnachmittag hingen dicke Wolken am Himmel und drückten schwüle Luft in die Stadt. Tom schwitzte bei der kleinsten Bewegung. Trotzdem spielten sie. 4:6 lagen er, Nick, Schreiner und Fischkopp schon zurück.

Tom sah zur Bank. Mario blätterte in einem Superman-Comic. Zwei Treffer gingen auf sein Konto, einen Weitschuss von Berni und einen Doppelpass von Tarek und Anthony hatte er ohne Gegenwehr vorbeigelassen. Zur Strafe sollte er auf der Bank versauern, bis er schwarz wurde! Tom sah weg.

»Jetzt wird's ernst!«, zischte er Nick zu.

Er spitzelte den Ball vom Anstoß aus zu Schreiner zurück und lief vor Lattes Tor. Der Verteidiger trickste Tarek aus und passte zu Nick, der zur Außenlinie gelaufen war. Nick nahm den Ball volley und schoss ihn an den Pfosten. Die Lederkugel sprang weit ins Spielfeld zurück. Vor Schreck wie gelähmt, musste Tom mit ansehen, wie Tarek den herauseilenden Fischkopp umdribbelte. 4:7!

»Mann, du Idiot!«, brüllte Tom zu Nick hinüber, nicht sein erster Fluch heute.

Latte zog seine Torwarthandschuhe aus. Er wirkte genervt. »Ich hau ab, zum Fliegenden Hirsch, meinen Eltern helfen.«

Tom stellte sich ihm in den Weg. »Du gehst nirgendwo hin!«, brüllte er.

»Mensch, Tom, spiel dich mal nicht so auf!«, gab Latte gereizt zurück.

»Ich gebe erst Ruhe, wenn alle unser Spiel ernst nehmen!«, schnaufte Tom wütend. »Wir müssen trainieren!«

»Warum gehst du nicht mal auf die Bank? Dann können wir ohne dein Gebrüll spielen!«, piepste es von der Laderampe. Die Jungen starrten auf Mario, der sich den Mund zuhielt, als könne er so die Worte wieder zurückpressen.

Mit einem Satz war Tom bei ihm. »Weil ich hier am meisten von Fußball verstehe! Ich bin der Kapitän, ohne mich bräuchtet ihr gar nicht anzutreten!«

Jetzt war es raus! Tom hatte das eigentlich nicht sagen wollen.

Die Zwillinge sahen sich an, Bernhard und Fischkopp schickten sich vielsagende Blicke zu. Eisige Stille herrschte.

Jetzt ist alles vorbei, dachte Tom betreten. Und das alles nur …

Jemand applaudierte.

Neun Legionäre fuhren herum.

Das Klatschen kam von einem Jungen am Spielfeldrand, den sie noch nie gesehen hatten. Er saß im Rollstuhl.

»Bravo!«, rief er bissig. »Das war die erste Übung aus dem Buch: Wie zerstöre ich meine Mannschaft!«

Der Fremde griff an seine Räder und kam mit kraftvollen Bewegungen näher. Tom musterte ihn. Er war nicht älter als sie, hatte braune, halblange Haare, Sommersprossen und ein breiteres Kreuz als Latte. Sein T-Shirt spannte über den muskulösen Oberarmen, auf seiner Brust prangte Goleo, das Maskottchen der Weltmeisterschaft 2006 in Deutschland. Seine Beine waren in einer weiten Jeans versteckt und mit Lederriemen an den Fußstützen des Rollstuhls festgegurtet.

»Was willst du denn hier?«, fragte Tom sauer.

»Oh, gibt's hier ein Verbotsschild mit einem durchgestrichenen Rollstuhl drauf?«, fragte der fremde Junge kühl.

Tom schluckte. So hatte er das nun wirklich nicht gemeint!

»Quatsch!«, antwortete Tarek schnell. »Hier verirrt sich nur sonst nie einer hin.«

»Ich habe mich nicht verirrt!«, entgegnete der Junge spitzfindig. »Ich bin extra hier!«

Tom nickte. »Okay, haben wir nichts dagegen. Schau dich ruhig um.«

»Danke. Was ich sehen wollte, hab ich schon gesehen!« Er lehnte sich in seinem Rollstuhl zurück. »Und es ist genau so, wie ich es mir gedacht habe: Ihr braucht einen Trainer.« Er machte eine bedeutungsschwere Pause. »Mich!«

Mit allem hätte Tom gerechnet, aber nicht damit!

»Dich?«, wunderte sich auch Nick. Er sah den Fremden misstrauisch an. Plötzlich warf er ihm den Ball zu. »Okay, dann spiel doch mal mit uns!«

Tom hielt den Atem an. Anthony, Fischkopp und Bernhard stauchten Nick mit eisigen Blicken zusammen. Doch der Fremde zeigte sich kein bisschen beeindruckt.

»Ein Löwendompteur springt zwar auch nicht selber durch den Reifen, aber für einen Trainerjob tue ich fast alles!«, sagte er grinsend. Er legte sich den Ball auf die rechte Hand und peilte kurz den Turm an. Dann warf er den Ball im hohen Bogen – in das einzige offene Turmfenster im dritten Stock!

Tom fiel die Kinnlade herunter. Das Turmfenster war gute 20 Meter entfernt und bestimmt acht Meter hoch. Die Hälfte von ihnen hätte aus der Distanz nicht einmal den Turm getroffen!

Die anderen Jungen staunten ebenso.

»Woher kannst du das denn?«, wollte Nick wissen.

Der fremde Junge blickte ihn offen an und sagte lächelnd: »Ich spiele Basketball, in der Regionalliga. Mit den Händen kann ich hervorragend mit Bällen umgehen …«

Latte ging zu ihm. »Und wieso glaubst du, dass du unser Trainer sein kannst?«

»Ganz einfach: weil Fußball meine große Leidenschaft ist. Ich sehe mir die Spiele nicht nur an, ich analysiere sie. Fußballtheoretisch kann mir so schnell keiner was vormachen – kleiner Test gefällig?«

»Du weißt also alles über Fußball?«, fragte Latte gedehnt. »Von der Sorte haben wir hier ja schon einen, stimmt's?«

Die Legionäre grinsten Tom an. Tom wischte sich den Schweiß von der Stirn. Warum hatte er auch vorhin seine Klappe nicht halten können? Seine blöden Sprüche taten ihm unendlich leid, und jetzt bekam er dafür die Rechnung. Ihm war zum Davonlaufen zumute. Der ganze Tag gefiel ihm nicht, die drückende Hitze, seine Ausraster und jetzt dieser Test hier, der nichts brachte außer Ärger.

Tom blies sich seine blonden Haare aus dem Gesicht. »Was soll ich denn fragen?«

»Irgendwas, los!«

Irgendwas, los! So ein Mistkerl!, tobte Tom innerlich. Kommt hierher und markiert den dicken Maxen! Dabei war Basketball doch eigentlich gar kein richtiger Sport – schließlich durfte man den Ball dabei anfassen. Diesen Angeber würde er schon kleinkriegen! Er räusperte sich.

Die Legionäre hatten sich um Tom versammelt.

»Okay. Wer schoss das Siegtor im Endspiel der WM 2002 gegen Deutschland?«

»1:0 Ronaldo, 2:0 Ronaldo. Noch was?«

Tom grübelte. Ihm fiel der Bildband zur Weltmeisterschaft 1990 ein, der oben in ihrem Hauptquartier lag.

»Jetzt wird's schwerer. WM-Endspiel 1990 gegen Argentinien. Wer schoss den Elfmeter für Deutschland?«

Die Antwort kam wie aus der Pistole geschossen: »Andreas Brehme. Endstand nach 90 Minuten war 1:0.«

Die Jungen starrten den Fremden mit offenem Mund an.

»Meine Güte, da waren wir doch noch gar nicht geboren!«, murmelte Fischkopp tief beeindruckt.

»Gut, gut«, sagte Tom und hoffte, dass die anderen seine Bewunderung für den Jungen nicht bemerkten. »Noch eine letzte Frage. Wenn du die richtig beantwortest, wird die Mannschaft darüber abstimmen, ob wir dich als Trainer testen.«

»Schieß los!«, forderte der Junge selbstsicher. »Wir vergeuden hier nur eure Zeit!«

Tom grübelte. Diesmal musste es richtig schwer werden. »Okay. Noch einmal das WM-Finale 1990. In welche Ecke schoss Brehme den Elfer?«

Die Legionäre schnauften. Einige von ihnen hatten sich offensichtlich schon entschieden, wie sie abstimmen wollten, und sahen die Sache nun durch die fiese Frage gefährdet.

»Verdammt, Mann, das ist unfair. So was weiß kein Mensch!«, warf Anthony ein.

»Du traust deinem Trainer wohl nichts zu, was?«, unterbrach ihn der fremde Junge. »Andreas Brehme schoss ohne zu zögern in die rechte untere Ecke.«

Als Tom nichts sagte, fragte er: »Was ist? Willst du auch noch seine Telefonnummer wissen?«

Die Legionäre lachten.

»Du hast doch gehört, was der Kress gesagt hat!«, rief Latte. »Jeder Zenturio hatte einen Caesar!«

»Und von uns hat auch keiner Mannschaftserfahrung, selbst du nicht, Tom!«, sagte Anthony.

Die Worte gaben Tom einen Stich ins Herz. Er war doch ihr Trainer! Wie ein kleines Tier nagte plötzlich Selbstzweifel in ihm. War seinen Freunden tatsächlich besser geholfen, wenn der andere dieses Amt übernahm?

»Wir können uns die Abstimmung sparen, oder?«, rief Nick.

»Nicht so schnell!«, stoppte ihn Tom. »Erst möchte ich wissen, warum wir dich noch nie gesehen haben.«

»Ich bin auf der Grimm-Schule!«

»Da haben wir's!«, triumphierte Tom und winkte ab. »Ihr wollt euch einen Spion ins Haus holen!«

Er genoss, wie die Blicke der Legionäre diesen Möchtegerntrainer in Erklärungsnot brachten. Doch der blieb ruhig.

»Nur weil ich auf der Grimm-Schule bin, bin ich noch lange kein Grimmiger! Bombasti nervt mich mit seiner Arroganz genauso wie euch. Immer zieht er mich damit auf, Basketball sei kein Sport, weil man dabei den Ball anfassen darf. Ich will ihm eine Lektion erteilen, darum bin ich hier!«

Tom schoss das Blut ins Gesicht. Dieselben Worte wie Bombasti, dachte er beschämt. Am Ende bin ich sogar der Mistkerl, und gar nicht der fremde Junge! Er lächelte ihm zu.

»Okay, dann sollten wir es mit dir versuchen! Was meint ihr?«

Doch Toms plötzlicher Stimmungsumschwung verwirrte die Legionäre. Nur zögerlich murmelnd gaben sie ihr Einverständnis.

»Hey, ist das unser neuer Trainer?«, rief Tom noch einmal über den Platz.

Diesmal schallte ihm ein lautstarkes »Ja!« entgegen.

Er drehte sich zu dem Jungen im Rollstuhl. »Das war wohl eindeutig! Tut mir leid, dass wir dich ein bisschen schroff empfangen haben. Wie heißt du überhaupt?«

»Ich bin Jürgen, und ich danke euch für euer Vertrauen. Und für den Empfang werde ich mich natürlich rächen!«

Die Jungen starrten ihn an.

Jürgen konnte seinen ernsten Gesichtsausdruck nicht halten und grinste. »Ich sage nur: Geländelauf!«

Alle lachten.

»Aber die erste Regel meine ich ernst: Pünktlichkeit. Mit Warten vertrödeln wir nur kostbare Zeit.«

In der Ferne zuckte ein Blitz über den Himmel.

»Morgen um zehn!«, bestimmte Jürgen. »Und jetzt nichts wie heim, bevor der Regen losgeht.«

Johlend liefen die Jungen zu ihren Rädern und fuhren mit Jürgen in ihrer Mitte davon.

»Ich sehe im Hauptquartier noch nach dem Rechten«, rief Tom ihnen nach.

Sie haben mich gar nicht gehört, dachte der Zenturio, während er die Treppen zum Turmzimmer erklomm.

Jetzt hatten sie also einen richtigen Trainer. Einen Jungen mit Fußballwissen und Erfahrung in einer Mannschaft. Alles hätte gut sein können, aber das Tierchen in ihm war noch da und nagte und tat weh. Tom hob den Ball auf, den Jürgens Wurf unter das Sofa katapultiert hatte, und verriegelte das Fenster.

Erste zaghafte Tropfen fielen vom Himmel.

Ein böses Omen, durchzuckte es Tom.

Er lief die Treppe hinunter, schloss die Tür ab und klemmte sich das Skateboard unter den Arm. Im strömenden Regen lief er langsam nach Hause.

Training

Zu ihrem ersten Training kamen Latte, Mario und Anthony zu spät. Tom wollte sie schon zusammenstauchen, aber Jürgen sah nur gelassen auf die Uhr.

»Okay, anscheinend müssen wir unsere Regeln verschärfen«, sagte er. »Ab jetzt zahlt jeder pro Viertelstunde Verspätung 50 Cent in die Mannschaftskasse!«

Die drei Sünder sahen betreten auf den Ball, aber für Jürgen schien die Sache damit erledigt zu sein.

Tom hatte sich vorgenommen, freundlich zu Jürgen zu sein. Jetzt merkte er aber, wie es ihn zwickte, nicht mehr den Ton anzugeben.

Jürgen zeigte auf das rote chinesische Zeichen auf seinem T-Shirt.

»Es bedeutet Mut!«, begann er seine Antrittsrede. »Mut wird das Wichtigste für unsere Mannschaft sein. Mut. Nicht zu verwechseln mit Wahnsinn. Bombasti und seine Leute zum Duell herauszufordern war nicht mutig, sondern wahnsinnig!« Jürgen grinste. »Aber was wäre Fußball ohne ein bisschen Wahnsinn?«

Latte nickte. »Find ich auch!« Der Torwart hob die

Arme wie Frankensteins Monster und gurgelte: »Fußball spielen, Fußball spielen!«

Die Vorstellung war so gut, dass die Jungen losprusteten. Jürgen musste warten, bis sich alle wieder beruhigt hatten, bevor er weiterreden konnte.

»Vielen Dank, Latte, für deinen erhellenden Beitrag zum Thema Wahnsinn. Mut aber ist, sich auch vor einem übermächtigen Gegner nicht zu verstecken. Der Goldene Jahrgang ist übermächtig. Die Grimmigen trainieren tagtäglich zusammen, sie haben Hunderte von Spielzügen drauf, Freistoßtricks und die Abseitsfalle. Aber unter der Dusche sehen sie uns ziemlich ähnlich. In drei Wochen wird gewinnen, wer mehr Mut hat – und das werden wir sein!«

Alle jubelten. Auch Tom war begeistert – und für einen Augenblick hörte das Tierchen in ihm auf zu nagen.

Nick schnappte sich den Ball. »Okay, wer gegen wen?«

»Nicht so voreilig«, antwortete Jürgen. »Jetzt müssen wir erst mal an eurer Kondition arbeiten. Ohne Puste nützt euch der Mut gar nichts. Wir laufen jetzt eine halbe Stunde, jeden zweiten Tag kommen noch einmal fünf Minuten dazu.«

Murrend trabten die Jungen los. Schon bald hatte Tom Seitenstechen, biss aber die Zähne zusammen. Jürgen fuhr neben den Legionären um das Spielfeld herum und feuerte sie an, sobald einer schwächelte.

»Ich dachte, das mit dem Geländelauf wäre ein Witz«, keuchte Fischkopp.

Als ihr Trainer den Dauerlauf beendete, ließen sich die Jungen erschöpft ins Gras fallen.

»Zeit für eine Dusche«, japste Anthony.

»Ich freu mich auf mein Bett!«, hechelte Latte.

Aber Jürgen klatschte in die Hände. »Auf, auf. Wir fangen jetzt mit dem Training an!«

Nick schaute ihn mit großen Augen an.

»Jetzt ... anfangen?«, stammelte er. »Wie nennst du denn das, was wir gerade gemacht haben?«

»Das?« Jürgen lachte. »Das war eine kleine Aufwärmphase!«

Latte verdrehte die Augen.

»Dann möchte ich die große Aufwärmphase gar nicht kennenlernen!«

Jürgen fuhr auf die Laderampe und zog ein dickes Notizbuch aus der Tasche. Dann pfiff er auf den Fingern.

»Okay, Tom, stell bitte zwei gleich starke Mannschaften auf. Ich möchte mir noch mal ansehen, was ihr draufhabt.«

Tom nickte ihm zu. Er war stolz, auch weiterhin der Kapitän zu sein. So versuchte er, gerecht einzuteilen. Latte, Nick, Anthony und Fischkopp spielten gegen ihn, Tarek, Bernhard und Schreiner. Mario begann wie gewohnt auf der Ersatzbank, doch Toms Gewissen pochte so laut, dass er ihn schnell einwechselte.

Tom gelangen einige Tore, doch zu seiner Enttäuschung schien Jürgen es gar nicht wahrzunehmen. Er saß nur über sein Buch gebeugt und kritzelte hinein.

Nach einer Weile, die Tom wie eine Ewigkeit vorgekommen war, pfiff Jürgen das Spiel ab. Müde setzten sich die Legionäre ins Gras. Jürgen sah auf die Uhr.

»Leider muss ich das Training für heute beenden. Wir haben heute Nachmittag ein Auswärtsspiel. Was ich mir aufgeschrieben habe, besprechen wir morgen um 9 Uhr!«, rief er und wollte die Gleise überqueren.

»Da kann ich nicht!« Bernhard lief Jürgen nach und hielt ihn an der Lehne fest.

»Ich muss sonntags immer Zeitungen austragen. Wenn ich einmal ausfalle, bin ich den Job los – und Taschengeld krieg ich keins!«, erklärte er niedergeschlagen.

»Dann fang eben früher an!«, schlug Fischkopp vor.

»Geht nicht! Ich brauch vier Stunden, und um 5 Uhr 30 kommen die Gazetten erst! Bis ich hier bin, muss ich eine Strafe von 2 Euro zahlen!«

In Fischkopps Gesicht machte sich ein Staunen breit. »Mann, Berni. Wie haste denn das so wahnsinnig schnell ausgerechnet?«

Bernhard sah Jürgen reglos an, aber der zuckte nur die Schultern.

»Das ist in der Tat ein Problem. Aber wenn ihr wirklich eine Mannschaft seid, findet ihr eine Lösung!«

Ohne sich noch einmal umzusehen, fuhr Jürgen vom

Gelände. Tom spürte die Wut in sich hochsteigen. Durfte Jürgen so mit den Spielern umgehen?

»So was Blödes!«, schimpfte Bernhard und pustete sich die Haare aus dem Gesicht. »Jetzt kann ich morgen nicht mitmachen!«

Tom sah zu Boden. »Ihr wolltet ihn ja als Trainer …«

Doch keiner ging auf die Kampfansage des Zenturios ein.

Fischkopp legte Bernhard die Hand auf die Schulter. »Du bist doch so 'n Ass in Mathe. Wie viel ist vier Stunden durch zwei?«

»Willst du mich veräppeln? Zwei Stunden natürlich!«

»Gut. Dann sind wir beide ja morgen um halb acht fertig. Genau richtig, um gemütlich zum Training zu gehen!«

»Du willst deinen Schlaf opfern? Für mich?« Bernhard sah Fischkopp verblüfft an.

Fischkopp nickte. »Klar, Ehrensache – wir sind doch Mannschaftskollegen!«

Tom schämte sich. Anstatt eine Lösung zu suchen, hatte er wie ein trotziges Kind Jürgen beschimpft. Ausgerechnet der kleine Fischkopp musste ihm zeigen, was Teamgeist ist.

Die Scham wuchs über Nacht. Als Tom nach wirren Träumen auf seinen Wecker sah, war es kurz vor fünf

Uhr. In sich hineinschimpfend, stieg er aus dem Bett. »Wenn das so weitergeht, werde ich noch zum Frühaufsteher!«

Er zog sich leise an, schrieb seinen Eltern eine kurze Nachricht und rollte durch die noch dunklen Straßen dem Stadtteil entgegen, in dem Bernhard wohnte.

Punkt halb sechs traf Tom vor dem schäbigen Haus ein. Fischkopp beäugte gerade die Zeitungspakete, die zwei Männer von einem LKW abluden und auf der Straße stapelten.

»Hey, Zenturio, willst du auch helfen?«

»Eine Mücke hat mich geweckt«, flunkerte Tom. »Und da dachte ich, wenn ich sowieso schon wach bin …«

Fischkopp nickte nur, hob einen Kiesel auf und versuchte, das Fenster mit den Fußballaufklebern zu treffen. Fünf Anläufe brauchte er, Bernhard wohnte mit seiner Mutter im dritten Stock. Beim sechsten Steinchen öffnete sich das Fenster. Bernhards krauser Wuschelkopf kam zum Vorschein.

»Hör auf, ich bin doch wach!«, rief er mit gepresster Stimme nach unten. »Ich hab nur so einen verdammten Muskelkatharr, dass ich mir kaum die Hose anziehen kann!«

Zwei Minuten später war Bernhard bei ihnen. Die drei wollten gerade losziehen, als Anthony auftauchte.

»Wir sind doch Mannschaftskollegen!«, murmelte er. Plötzlich bogen auch Schreiner mit einem Handkarren und Latte mit dem Einkaufstrolly seiner Oma um die Ecke. Bernhard schluckte schwer.

»Hey, Berni, musst doch nicht vor Rührung heulen!«, feixte Fischkopp.

»Danke, Kollegen«, sagte er leise.

»Wir bilden drei Zweiergruppen«, schlug Anthony vor. »Wer fertig ist, geht zum Training!« Behutsam trennte Bernhard die Liste entzwei, auf die er für Fischkopp säuberlich die Namen der Abonnenten geschrieben hatte. Einen Teil reichte er Schreiner, der mit Tony loszog, den anderen Latte. Der lud drei Stapel Zeitungen auf den Trolly und zog ihn mit Fischkopp hinter sich her.

Tom und Bernhard übernahmen den Rest. Die Zeitungen verschwanden in Bernhards großen Satteltaschen am Fahrrad.

Schweigend liefen sie nebeneinanderher. Auf ihrer Route lagen viele Hochhäuser, an deren Türen sie oft zehn Zeitungen auf einmal loswurden.

Nach einer halben Stunde hatten sie den größten Teil bereits verteilt. Ihr Weg führte sie nun in eine feine Gegend. Häuser mit Vorgärten säumten die Straße. In einer Bäckerei, die gerade ihre Rollläden hochzog, kaufte Tom zwei Rosinenbrötchen.

»Frühstück!«, verkündete er. Die Jungen setzten sich auf den Bürgersteig und beobachteten, wie die Sonne langsam über der Stadt aufging. Sie genossen die angenehme Kühle des Morgens, die schon bald der Spätsommerhitze weichen würde.

»Du wohnst mit deiner Mutter alleine, stimmt's?«, fragte Tom nach einer Weile.

»Ja«, antwortete Bernhard knapp.

Sofort bereute Tom die Frage. Er merkte, dass er bei Bernhard einen wunden Punkt getroffen hatte. »Tut mir leid, ich wollte dich nicht verletzen.«

Bernhard schüttelte den Kopf. »Nein, du hast mich nicht verletzt, sondern mein Vater. Ich hab ihn nie kennengelernt.«

Tom traute sich nicht, weiterzubohren, obwohl er neugierig war. Er spürte Bernhards Schmerz.

Schließlich durchbrach Bernhard die Stille. »Du glaubst gar nicht, wie ich ihn hasse, wer immer es auch ist. Er zwingt uns, zu leben wie vor hundert Jahren. Meine Mutter arbeitet den ganzen Tag in der Kleidermanufaktur, und ich kümmere mich um den Haushalt. Ich kaufe ein, koche, räume auf und bügele sogar. Wenn meine Mutter abends nach Hause kommt, ist sie hundemüde. Nur Scrabble spielen geht immer.«

Bernhard lachte plötzlich. »Gestern hat sie MAIWAL gelegt. Sie bestand darauf, dass es Wale gibt, die nur im Mai schwimmen – das gab 30 Punkte!«

Tom lachte auch, obwohl er das Spiel gar nicht richtig kannte.

Bernhard schob sich genussvoll das letzte Stück in den

Mund. »Weißt du, ich bin bestimmt das einzige Kind der Stadt, das seiner Mutter Geld *ins* Portemonnaie schmuggelt!«, meinte er lächelnd.

Tom schaute hilflos auf sein Brötchen. Bernhards Sorgen erschienen ihm wie Probleme aus einer anderen Welt. Klar, seine Eltern hatten vor fünf Jahren ihr Haus gebaut und warfen mit dem Geld auch nicht um sich. Aber Bernhard und seine Mutter … die waren wohl richtig arm.

Ein Rentner, der mit seinem Hund eine morgendliche Runde drehte, riss Tom aus seinen Gedanken.

»Komm, gleich sind wir fertig!« Bernhard reichte ihm die Hand und zog ihn hoch.

Das letzte Haus auf ihrer Route war eine noble Villa mit vergitterten Fenstern. Am Eingangstor suchte Tom nach einem Briefschlitz, als er plötzlich ein monotones Pochen hörte. Zuerst glaubte er an einen Einbrecher.

»Los, Berni, wir sehen nach!«, flüsterte er und duckte sich.

Bernhard zögerte. »Ich weiß nicht. Die haben bestimmt eine Alarmanlage!«

»Na und? Dann sagen wir einfach, wir hätten den Briefkasten nicht gefunden!«

Er zog eine Zeitung aus der Satteltasche, klemmte sie sich unter den Arm und schlich los. Bernhard folgte ihm.

Leise öffnete Tom das Tor.

Im Garten stand ein etwa elfjähriger Junge in einem feinen weinroten Leinengewand und hielt seinen Lederball in der Luft. Fuß, Pock!, Knie, Pock!, Kopf, Pock!, Fuß, Pock!, Knie, Pock! Dabei bewegte er sich keinen Zentimeter von der Stelle, trotzdem fand der Ball jedes Mal sein Ziel.

Bernhard war fasziniert: »Der Einbrecher macht ja nie Fehler!«

Auch Tom sah gebannt zu dem Jungen hinüber.

»Komm!«, flüsterte Bernhard, als hätte er Angst, den Fremden durch zu lautes Reden zu verscheuchen. »Den fragen wir, ob er mitmachen möchte.«

Tom räusperte sich.

Der Junge blickte kurz auf, ohne sein Ballkunststück zu unterbrechen. Er hatte blauschwarze Haare und schimmernde karamellbraune Haut.

»Bist du aus dem Bett gefallen?«, fragte Tom. Schließlich konnte es immer noch nicht später als sieben Uhr sein.

Der Junge schüttelte den Kopf. »Brüder schlafen. Endlich Zeit alleine!«

Tom lachte. »Könnte ich auch oft brauchen! Mein Bruder Hannes nervt mich ständig.«

»Was soll denn erst Nick sagen«, fragte Bernhard lachend. »Der hat noch nicht mal seinen Geburtstag für sich alleine!«

Als er den fragenden Blick des Jungen bemerkte, fügte

er hinzu: »Nick und Tarek sind Zwillinge. Die spielen auch bei uns in der Mannschaft!«

Bernhard sah Tom an. Tom kapierte, dass er jetzt das Gespräch übernehmen sollte. »Genau, wir spielen nämlich in einer richtigen Fußballmannschaft!«, erzählte Tom unbescheiden. »Ich bin der Kapitän, und Bernhard hier hat den härtesten Schuss!« Der Junge schien anzubeißen. Er ließ seinen Ball auf den Rasen fallen und sah sie interessiert an.

»Einen Trainer haben wir natürlich auch!«, platzte Bernhard heraus. »Und ein eigenes Hauptquartier, wo nur wir reindürfen!«

»Na ja. Eigentlich ist unser Team ja komplett«, bluffte Tom, »aber für dich können wir vielleicht eine Ausnahme machen!«

»Ausnahme? Was ist?«, fragte der Junge verwirrt nach.

»Unser Kapitän will dich einfach nur fragen, ob du mit zu unserem Training kommen magst. Wenn es der Trainer erlaubt, kannst du mitspielen!«

Der Junge hob den Ball auf und klemmte ihn sich unter den Arm.

»Okay!«

Bernhard und Tom lachten.

»Du gefällst mir«, sagte Tom. »Willst mit zum Training, auch wenn es noch fast dunkel ist!«

»Komm mit uns«, lud Bernhard ihn ein. »Du hast Glück, wir trainieren nämlich wirklich gleich. Zwar haben wir noch einen kleinen Moment Zeit, aber dann gehen wir eben gemütlicher!«

Der Junge nickte und zog unter dem Treppenabsatz der Eingangstür seine matschverklebten Stollenschuhe aus einem Geheimversteck hervor, dann verschwand er kurz im Haus.

Bernhard und Tom strahlten sich an.

»Wenn der auch auf dem Platz so eine Show draufhat, dann können sich die Grimmigen warm anziehen!«, jubelte Bernhard.

»Abwarten!«, versuchte Tom ihn zu bremsen. Doch auch er freute sich über den neuen Teamkameraden. Klar wie Kloßbrühe, dass Jürgen den Jungen mitspielen lassen würde!

Als der fremde Junge mit kurzer Hose und einem Sweatshirt bekleidet wieder vor ihnen stand und sie tatendurstig anlächelte, wusste Tom Bescheid: Der Ballakrobat war genauso fußballverrückt wie sie.

BallaKrobat

Als die drei Jungen auf dem Gelände eintrafen, waren die anderen schon alle da, auch Jürgen.

»Ihr glaubt nicht, was für ein Juwel wir bei unserer Tour entdeckt haben!«, rief Tom statt einer Begrüßung.

»Mit dem Ball kann der fast alles!«, schwärmte auch Bernhard. »Bühne frei für Ravi!«

Ravi blickte in die Runde der Jungen und dann auf den Platz.

»Wo Ball?«, fragte er.

Nick warf ihm seinen Ball zu, und Ravi wiederholte, was Tom und Bernhard schon einmal gesehen hatten.

Jürgen klatschte. »Bravo! Willkommen zum Probetraining bei den Legionären! Aber Fußball ist nicht nur Kunst!«

Latte verdrehte die Augen. »Auf Deutsch heißt das sicher: Geländelauf!?«

Jürgen grinste. »Du hast es erraten!«

Eine halbe Stunde quälte Tom seine müden Glieder um den Platz. Als wären sie heute nicht schon genug durch die Stadt gerannt. Doch Jürgen war unerbittlich.

Nach dem Aufwärmen fragte er Tom: »Hast du deine Spraydose dabei?«

»Klar, wie immer!«

»Dann sprüh doch bitte große und kleine Kreise in unterschiedlichen Höhen an die Fabrikmauer, wie bei einer Torwand.«

Kaum war die Farbe trocken, als Jürgen alle Legionäre in einer Reihe aufstellte. Die zehn Jungen versuchten, nacheinander die Kreise zu treffen. Aufmerksam beobachtete Jürgen die Schusstechnik seiner Spieler und verbesserte ab und zu ihre Fußstellung. Schon bald trafen auch Fischkopp und Mario regelmäßig, und Jürgen war sehr zufrieden mit ihnen.

»Klasse, das klappt ja wie am Schnürchen. Übt weiter oder ruht euch ein bisschen aus. Ich muss noch mal kurz in die Stadt – für euch!«, fügte er geheimnisvoll hinzu.

Die Legionäre schossen noch eine Weile, aber ohne die Tipps ihres Trainers war irgendwie die Luft raus. Sie hockten sich in den Schatten und verschnauften. Ravi setzte sich im Schneidersitz auf einen Stein.

»Wo kommst du denn eigentlich her?«, fragte Fischkopp ihn mit unverhohlener Neugierde.

Nach und nach fanden die Legionäre heraus, dass Ravi mit seinen Eltern und vier kleinen Brüdern vor einem halben Jahr aus Indien hierhergekommen war, weil sein Vater Arbeit als Computerfachmann gefunden hatte. Doch dann wurde Ravis Großmutter krank, und seine Mutter flog zurück nach Bangalore, um sie zu pflegen. Zwar stellte sie vor ihrer Abreise ein Kindermädchen ein, aber das war mit den fünf Jungen heillos überfordert. Meistens ging sie mit dem Kleinsten in die Stadt und überließ die anderen ihren Spielen zu Hause. Ravi passte dann auf sie auf, statt seine Hausaufgaben zu machen.

»Und in welche Schule gehst du?«, wollte Tarek wissen.

»Grundschule Klasse vier. No good. Wieder Indien!«

Er machte mit der Hand die Bewegung eines Flugzeugs.

»Du willst wieder nach Indien? Aber zum großen Spiel bist du doch hoffentlich noch da?«, platzte Fischkopp heraus.

»Vater will bleiben, ich also auch bleiben!«

»Jetzt hab ich kapiert!«, sagte Mario. »Ihm gefällt es in Deutschland nicht, und deshalb weigert er sich, in die Schule zu gehen. Gib's zu: Vormittags schwänzt du den Unterricht und übst stattdessen Ballhochhalten. Deshalb bist du solch ein Ballakrobat!«

Ravi nickte. »Schule no good!«

Plötzlich rief Latte: »Da kommt Jürgen!«

Fischkopp grinste zu Bernhard hinüber. »Klar, dass der Lange ihn von da oben als Erster sieht!«

Jürgen fuhr deutlich langsamer als sonst. Tom konnte auf seinen Knien einen eckigen Kasten erkennen.

»Los, das sehen wir uns an!«, brüllte Nick, und alle folgten ihm zu den Bahnschienen.

Als sie bei Jürgen ankamen, sah Tom, dass der Kasten ein Käfig war. Mit einem quicklebendigen Huhn darin!

»Tut mir leid, dass es so lange gedauert hat«, sagte Jürgen knapp, hob mit einem Ruck seine Vorderräder in die Luft und überquerte nun auf den Hinterreifen die Gleise. »Aber das dumme Vieh ist mir unterwegs abgehauen!«

Gemurmel setzte ein.

»Sollen wir das nach dem Training braten?«, fragte Mario vorsichtig, als sie auf dem Platz angekommen waren.

»Klar, Gewichtheber essen achtmal am Tag Huhn, das gibt Muckis!«, rief Latte und kniff Mario in den Oberarm.

»Quatsch, Latte! Das ist Berta, dein Torwarttrainer!«

Alle lachten, doch Jürgen meinte es ernst.

»Bei hohen Bällen bist du Weltklasse, Latte. Aber wenn die Bälle flach kommen, fällst du wie eine Bahnschranke!«

»Und das Huhn, pardon, der Torwarttrainer soll mir flach ein paar Körner draufschießen?«, fragte Latte ironisch.

»Keine schlechte Idee!«, brüllte Fischkopp dazwischen. »Und wir üben Zweikampf mit nem Vogel Strauß!«

»Ich werde morgen auf dem Wochenmarkt nachfragen, Fischkopp«, johlte Latte. »Vielleicht haben sie ja ein Straußenei. Das musst du dann allerdings noch ausbrüten!«

Fischkopp wackelte mit seinem Hinterteil wie eine Henne, und seine Freunde spendeten ihm johlend Beifall.

»Gut jetzt!«, forderte Jürgen wieder mehr Ernst und erklärte allen, was es mit dem Huhn auf sich hatte.

Latte sollte in einem Art Sondertraining üben, das Huhn zu packen, als sei es ein Ball – nur sanfter.

»Du kannst Feierabend machen, wenn du Berta fünfmal eingefangen hast«, sagte Jürgen und ließ das Huhn aus dem Käfig.

Siegesgewiss setzte Latte ihm nach. Doch schon bald verging ihm sein Grinsen. Berta schien nicht die geringste Lust zu haben, sich von einem springenden Riesen einfangen zu lassen, und flatterte wild über den Platz. Immer wieder warf sich Latte der Länge nach zu Boden. – Und immer wieder entwischte ihm der Vogel in letzter Sekunde. Gebannt verfolgte Tom das Spektakel.

»Oh, ein Huhn«, jubelte Maja. »Darf ich das streicheln?«

Die Schwester der Zwillinge war mittlerweile so häufig auf dem Gelände, dass Tom sie beinahe vergessen hätte.

»Später«, sagte er zu ihr. »Erst mal ist Latte dran.«

»Och, dann dauert das ja noch ewig … Nick, mir ist langweilig!«, meckerte sie.

Nick zuckte hilflos mit den Achseln, aber Fischkopp

schlug sogleich vor, den Spielplatz um ein Piratenschiff zu erweitern.

Während die anderen ihre Schusstechnik verfeinerten, machten sich Tom, Nick, Tarek und Schreiner ans Werk. Aus dicken Balken, von der Sonne ausgeblichenen Brettern und einer Handvoll krummer Nägel zimmerten sie die Außenwände eines Schiffkörpers.

»Hey, Ravi, komm und hilf uns beim Mast!«, rief Schreiner über den Platz.

Nach kurzem Zögern ließ Ravi den Ball liegen.

Gemeinsam versenkten sie den schweren Balken in einem Loch in der Mitte des Schiffs. Ravi stellte sich ziemlich ungeschickt an, aber Schreiner hatte Nachsicht.

»Warum bringst du deine Brüder nicht einfach morgen auch mit?«, schlug Tom Ravi vor.

»Good Idee!«, fand Ravi und nickte.

Maja war hellauf begeistert. Noch während die Jungen arbeiteten, enterte sie das Piratenschiff und machte als Seeräuber-Jenny die sieben Weltmeere unsicher. »Mit welch bescheidenen Mitteln eure Schwester doch glücklich zu machen ist«, feixte Tom.

»Genug für heute!«, rief da Jürgen. »Wer zu viel trainiert, schießt über das Ziel hinaus!«

Er wollte sich verabschieden, aber Tom hielt ihn auf.

»Die Legionäre haben noch eine wichtige Sitzung«, teilte er allen mit. »Es wäre schön, wenn du dabei wärst, Jürgen.«

»Als hätte ich es geahnt …«, meinte Latte geheimnisvoll. Aus den Tiefen des Einkaufstrollys zog er ein Dutzend Limoflaschen und drei Schachteln Kekse hervor. »Ist doch toll, wenn die Eltern eine Kneipe haben«, verkündete er mit breitem Grinsen. »Hoch damit ins Hauptquartier!«

Tom zog den Dietrich aus der Tasche und öffnete die Tür. Nacheinander stapften die Jungen die Treppen hinauf.

»Hey, was ist?«, rief ihnen Jürgen hinterher. »Soll ich durchs Fenster reinfliegen?«

Die Legionäre gluckten. Sie hatten sich schon so an den Rollstuhl gewöhnt, dass sie ihn kaum noch bemerkten. Anthony, Nick und Tom hievten Jürgen aus seinem Gefährt und schleppten ihn keuchend die Stufen nach oben.

»Mehr kann sich ein Trainer ja wohl nicht wünschen«, stellte Jürgen unterwegs lachend fest, »als von seinen Spielern auf Händen getragen zu werden!«

Oben ließen sie sich in die Polster fallen.

Ravi sah sich kritisch um.

»Na, wie findest du's?«, wollte Tom begeistert wissen.

Ravi nickte höflich. »Schön«, hauchte er.

»Das ist der Ball, um den sich hier alles dreht«, erklärte Nick und hielt Jürgen und Ravi ihren Schatz unter die Nasen. Ravi konnte zwar mit den Namen nichts anfangen, aber er schien zu spüren, wie wertvoll der Ball den Jungen war.

Tom holte tief Luft. Es war an der Zeit, den Grund für ihre außerordentliche Sitzung zu verkünden. Früher hatten ihm solche Reden nichts ausgemacht, jetzt pochte ihm das Herz bis zum Hals. Irgendwie machte ihn Jürgen durch seine bloße Anwesenheit unsicher.

»Als Zenturio und Mannschaftskapitän habe ich nun die ehrenvolle Aufgabe, fünf neue Mitglieder in unseren Club aufzunehmen. Jürgen, Mario, Bernhard, Schreiner und Ravi – seid ihr bereit, den Eid der Legionäre zu schwören und unsere Ehre immer und überall zu verteidigen?«

Die fünf neuen Legionäre nickten.

»Wir schwören es!«

Nick zog die Anstecknadel hervor.

Einer nach dem anderen stach sich in den Finger und drückte seinen blutigen Abdruck auf das Tuch an der Wand.

»Dieser feierliche Moment muss besonders gewürdigt werden«, sagte Nick anschließend verschwörerisch.

Er hielt den Ball in die Mitte, alle elf Legionäre legten ihre rechte Hand darauf.

»Spürt ihr die Kraft der Nationalspieler?«, flüsterte Tom.

»Ja!«, antworteten zehn Mann.

»Wir werden Bombasti besiegen!«

»Ja!«, schallte es zurück. »Bei unserer Legionärsehre!«

Jetzt kam Toms Trumpf! Aus seinem Rucksack zog

er zehn Lederbänder, an denen Kopien seines Dietrichs hingen. Nacheinander hängte er sie den Legionären wie Goldmedaillen um. Den letzten Schlüssel, der eigentlich für ihn selber bestimmt war, legte er Ravi um den Hals.

Tom sah die leuchtenden Augen seiner Freunde und war glücklich. Ja, sie würden Bombasti besiegen. Weil sie mutig waren und zusammenhielten. Wie eine echte Mannschaft. Es war das schönste Gefühl von Kameradschaft, das Tom je gespürt hatte.

»Dann können wir doch jetzt losfuttern, oder?«, unterbrach Fischkopp die feierliche Stille.

Lachend bedienten sich die Legionäre an Keksen und Limonade. Tom kuschelte sich zufrieden in einen Sessel. Wenn das hier nur ein Traum war, dann war es der schönste seit langem.

»Mensch, Leute«, platzte es aus ihm heraus, »nach der Pleite mit dem Schultraining vor einer Woche dachte ich noch, wir könnten die Fußballschuhe an den Nagel hängen. Und jetzt? Jetzt haben wir einen eigenen Platz, einen Trainer, ein Hauptquartier …«

»… und leider auch einen Gegner!«, unterbrach ihn Tarek.

»Ist doch gut so!«, mischte sich Jürgen ein. »Nur durch ein gemeinsames Ziel wird aus elf Gestalten eine Mannschaft!«

Warum nur? Warum musste Jürgen immer das letzte Wort haben und die besseren Parolen von sich geben?, dachte Tom. Plötzlich nagte wieder das kleine Tier in ihm, und all seine Freude war verflogen.

Die Kirchturmglocke schlug siebenmal.

Mario sprang auf. Von einer Sekunde auf die andere war er kreidebleich geworden.

»Ist … ist es etwa schon sieben?«, stammelte er. »Ich sollte doch um fünf zu Hause sein …«

Ohne sich zu verabschieden, stürzte er zur Tür hinaus.

»Warum der wohl immer so komisch ist?«, wunderte sich Latte.

»In der Schule ist der auch immer so«, meinte Bernhard. »So richtig bemerke ich Mario immer erst beim Training.«

»Ich hau auch ab«, verkündete Anthony und stand auf.

»Verdammt, ich muss noch Mathe machen!«, fiel Fischkopp siedend heiß ein.

»Und wir müssen dringend Maja nach Hause bringen, Nick«, sagte Tarek.

»Moment, Leute!«, rief Schreiner in die Runde. »Wir haben noch eine wichtige Aufgabe!«

Er zog seinen Bleistift hinterm Ohr hervor und kritzelte eine Zeichnung auf die Rückseite der Kekspackung.

»Was wird das denn?«, drängelte Latte.

»Na, das Hotel für unseren Torwarttrainer. Oder soll Berta über Nacht hier im Hauptquartier scharren?«

Tom war baff. »Mensch, Schreiner, wenn wir dich nicht hätten. Das wäre ja glatt Tierquälerei gewesen.«

Gemeinsam machten sie sich an die Arbeit.

Spieler Nummer 11

»Mario war heute nicht im Unterricht«, berichtete Bernhard, als er seine Freunde am Montag in der großen Pause traf.

»Der Glückspilz!«, sagte Fischkopp geknickt. »Der Kress hat uns nen Mathetest reingewürgt. Ratet mal, wer nichts wusste!«

»Umso besser, dass es Fußball gibt, oder? Mit dem Ball am Fuß vergesse ich immer alle Sorgen!«, antwortete Latte fröhlich.

Tom hatte beim Test auch nicht gerade geglänzt, war sich aber sicher, die meisten der Aufgaben richtig gelöst zu haben. Doch im Sportunterricht verflog seine gute Laune. Da der Platz nicht zu bespielen war, mussten sie sich die Halle teilen – mit den Mädchen! Natürlich wurde Fußball gestrichen, stattdessen ließ ihr Lehrer Basketballfreiwürfe üben. Doch sooft es Tom auch versuchte, sein Ball wollte einfach nicht durch den Ring rutschen.

»Wie macht Jürgen das bloß?«, fragte er Fischkopp, der ebenfalls nie traf.

»Vielleicht ist das ja im Sitzen einfacher?«

Tom probierte es in der Hocke, aber sein Ball knallte einem vorbeidribbelnden Mädchen an den Hinterkopf.

»Pass doch auf, du Idiot!«, zischte sie ihm zu.

Das anschließende Spiel verloren die Jungen mit 20:38.

»Mädchen sind das Letzte!«, knurrte Nick auf dem Nachhauseweg. »Lasst uns schwören, dass bei den Legionären nie ein Mädchen mitspielen darf!«

»Das müssen wir gar nicht schwören, das versteht sich von selbst!«, antwortete Tom.

Um Viertel vor drei stand Tom auf dem Platz beim alten Sägewerk. Mit Hannes. Die kleine Nervensäge hatte geschickt beim Mittagessen davon erzählt, dass Maja jeden Nachmittag mit ihren Brüdern mitgehen dürfe. Toms Mutter hatte ihn daraufhin vor die Wahl gestellt, entweder das Geheimnis zu verraten oder Hannes auch einmal mitzunehmen. Was hätte er tun sollen?

Staunend sah sich sein kleiner Bruder auf dem Platz um. Besonders von dem Piratenschiff mit dem schwarzen Totenkopf auf dem Bettlakensegel konnte er die Augen nicht losreißen.

»Und wem gehört das?«

Wenn Hannes gewusst hätte, wie sehr sich Tom über diese Anerkennung freute!

»Das haben wir alles selber gebaut. Nick und Tarek und noch andere Jungs aus unserer Schule. Einer kann richtig schreinern, stell dir vor!«, erklärte er seinem Bruder.

»Wie süß!«, brüllte da Hannes. Er hatte Berta entdeckt und lief zu ihrem Gehege.

»Mit Berta übt Latte seine Torwarttricks!«

Wenig später kamen die Zwillinge mit Maja, und auch Ravi hatte drei seiner kleinen Brüder mitgebracht. Fachkundig zeigte Seeräuber-Jenny ihren neuen Matrosen ihr Piratenschiff, und gemeinsam stürzten sie sich in die Schatzsuche. Anthonys Bruder Jerome, ein pfiffiger Achtjähriger mit einem schelmischen Zug um den Mund, war auch mitgekommen, interessierte sich aber nur für den Fußballplatz. Während die Legionäre ihr Aufwärmtraining absolvierten, kickte er Toms Ball begeistert über den Rasen. Danach teilte Jürgen die Mannschaften ein.

»Eigentlich wollte ich euch fünf gegen fünf spielen lassen, aber Mario ist immer noch nicht aufgetaucht. Hm ... okay, dann spielen wir vier gegen vier. Und Bernhard macht ein Spezialtraining.«

»Ich?«

»In mein Heft habe ich neben deinen Namen eine Stange Dynamit gemalt. Das soll dein Bein sein!«

Die Legionäre lachten.

»Der heißt ja auch nicht umsonst Bumm-Bumm-Bernhard!«, johlte Latte.

»Wenn du deine Schusskraft weiter trainierst und

dann noch genau triffst, bist du unsere Geheimwaffe!«, versprach Jürgen.

Nach Schreiners Vorgaben zerrten die Legionäre schwere Maschinenteile heran und stellten sie neben dem Spielfeld auf. Bernhards Aufgabe war es, den Schrott mit gezielten Schüssen umzuwerfen. Staunend sahen ihm seine Freunde zu, bis Jürgen sie auf den Platz trieb.

Mitten im Spiel kam Mario angerannt. Tom lag schon ein böses Wort auf der Zunge, aber der Junge sah so geknickt aus, dass er es sich verkniff.

Ohne ein Wort der Entschuldigung wollte Mario drei Euro in die Mannschaftskasse schmeißen, aber Anthony hielt ihn zurück.

»Es gibt sicher einen wichtigen Grund, warum du zu spät kommst, Mario. Steck dein Geld wieder ein!«

Mario polierte aufgeregt an seinen Gläsern.

»Danke«, murmelte er, aber Tom schien es, als sei er in Gedanken ganz woanders.

Jerome sah man den Stolz auf seinen Bruder an.

»Toll hast du das gemacht, Tony! Jetzt guckt er nicht mehr so traurig.«

Anthony streichelte ihm zärtlich über den Kopf.

»Schön, dass du trotzdem noch gekommen bist, Mario«, sagte Jürgen mit einem aufmunternden Lächeln. »So können wir die Mannschaften vergrößern und nun doch fünf gegen fünf spielen.«

»Hat Berni genug trainiert?«, wollte Fischkopp wissen.

»Berni macht seine Sache sehr gut, aber ein bisschen muss er noch. Jerome wird uns unterstützen.«

»Echt?«, fragte Jerome mit glänzenden Augen. Jürgen nickte und teilte die Mannschaften neu ein.

Tom wunderte sich zunächst über Jürgens Entscheidung. Krabbelgruppe Sandmännchen, dachte er bitter. Doch schon bald fiel ihm der Kleine durch seinen Spielwitz und einige tolle Tricks auf. Einmal gelang es Jerome sogar, ihm den Ball abzuluchsen. Schmunzelnd setzte Tom zur Gegenwehr an. Die Krabbelgruppe könnte noch für die eine oder andere Überraschung sorgen, war er sich sicher.

Nach dem Abendbrot zog es Tom wider besseren Wissens zur Sportanlage der Grimmigen.

Bombasti und seine Mannschaft trainierten. Und wie! Tom gingen die Augen über. Die Legionäre würden wohl auch nach zwei Jahren Training nicht auf diesem Niveau sein. Die Grimmigen verstanden sich einfach blind. Mike schlug 40-Meter-Pässe, Carlos nahm sie volley aus der Luft, Bombasti köpfte ins Tor. Auf der anderen Seite stand Big Ben, der riesige Torwart, und lieferte eine Glanzparade nach der anderen ab. Es war unglaublich! So blöd viele von ihnen sich auch benahmen, hier auf dem Platz waren sie Asse, musste Tom zugeben.

Als die Grimmigen ihr Training beendet hatten, saß Tom ein gewaltiger Kloß im Hals. Nein, nicht nur im Hals. Sein ganzer Körper war ein einziger Kloß, unfähig, sich zu bewegen.

»Na, wie läuft's bei euch?«

Tom fuhr herum. Big Ben stand hinter ihm.

»Ganz gut!«, log Tom. Bis vor einer Stunde hatte er es selber noch geglaubt.

»Ich freue mich auf unser Spiel«, verabschiedete sich Big Ben und winkte Tom zu.

»Ich mich auch«, stammelte ihm Tom hinterher.

Der Kloß aber blieb an Ort und Stelle.

Über Nacht hatte Tom sich fest vorgenommen, noch härter zu trainieren als sonst. Mut!, dachte er und wollte sich mit neuem Eifer sofort ins Spiel stürzen.

Doch Jürgen hatte eine Überraschung für sie.

Helle, ein langer blonder Junge mit einer dunkelblauen Schirmmütze und einem Krümelmonster-T-Shirt, stand neben ihm und grinste in die Runde. Tom mochte seine lustige Art sofort. Umso größer war der Schock, als Jürgen eingestand, dass er ihn von der Grimm-Schule her kannte.

»Bombasti lässt Helle nicht in seiner Mannschaft mitspielen, und wir können eine starke Nummer 11 gut gebrauchen!«

Nick sprang von der Laderampe. »Keine Grimmigen!«, rief er sauer.

Helle verzog keine Miene.

»Dann muss ich wohl auch verschwinden, oder?«, fragte Jürgen ruhig in die Runde. »Ich bin auch einer, schon vergessen?«

»Mit Bombasti hatte ich nur Stress«, erzählte Helle. Er zwinkerte Tom freundlich zu. Er verstand: Der Junge fand ihn genauso nett wie er ihn.

»Tja, diese Situation kennen wir wohl nur zu gut«, meinte Tom an die Legionäre gewandt. »Ich bin dafür, dass das Können entscheidet und nicht, auf welche Schule man geht! Wenn wir Helle nur aus diesem Grund nicht mitspielen lassen, machen wir vielleicht einen Fehler, den wir hinterher bereuen könnten.«

»Der Zenturio hat recht«, sagte Anthony, und die Legionäre nickten begeistert. Wieder zwinkerte Helle Tom zu.

»Na, dann zeig mal, was du draufhast«, sagte Tom und lächelte.

Helle spielte schnell und fair. Wendig luchste er seinem Gegenspieler den Ball ab, um ihn seinen Mannschaftskameraden zuzupassen. Ravi und Tom lieferte er so einige Male gute Vorlagen für ein Tor. Tom war glücklich. Er spürte, dass sie nicht nur einen starken Spieler, sondern auch einen guten Freund dazugewonnen hatten.

»Legionäre!«, rief Jürgen, nachdem er das Training beendet hatte, und Tom ahnte, dass jetzt eine seiner schon berühmten Ansprachen folgen würde.

»Mit Helle sind wir elf Spieler, eine richtige Mannschaft!«, fuhr Jürgen fort.

Die Jungen jubelten.

»Aber wir haben noch nie wie eine Mannschaft gespielt, sondern immer nur gegeneinander.«

Das stimmt, fiel Tom auf. Fünf gegen fünf auf zwei Tore zu spielen war natürlich etwas ganz anderes, als zu elft auf ein Tor!

»Damit wir einmal zusammenspielen, habe ich für Donnerstag ein Freundschaftsspiel organisiert! Die E-Jugend des FSV Weiß-Grün will sich auf ein Pokalspiel vorbereiten und hat uns angeboten, gegen sie zu spielen.«

Nick sprang vom Sofa auf.

»E-Jugend? Sind das nicht alles nur Neunjährige? Jungs, die rupfen wir wie die Weihnachtsgänse!«, grölte er übermütig.

Jürgen mahnte: »Unterschätze niemals einen Gegner!«

»Und die kommen hierher zu uns?«, fragte Fischkopp.

»Nein. Aber ich habe mit Direktor Johansson gesprochen. Wir können im Stadion der Grimm-Schule spielen.«

Latte klatschte begeistert in die Hände. »Vielleicht kommen dann ja ein paar von diesen grimmigen Angebern.«

»Die werden wir das Fürchten lehren!«, glaubte auch Fischkopp.

Da war plötzlich wieder der Kloß in Toms Bauch. Die Grimmigen werden sich so schnell vor nichts fürchten, durchzuckte es ihn.

Die Legionäre stiegen auf ihre Fahrräder. Auch Tom wollte sich auf den Heimweg machen, als Ravi ihn auf die Schulter tippte.

»Tom. Vater macht Party heute. Für Freunde. Du bist Freund. Du komme?«

Tom war ehrlich verblüfft, sagte aber gerne zu.

Nach einem kurzen Besuch zu Hause skatete er zu seiner Verabredung. Kaum hatte Tom geklingelt, als ihm schon Nahu, Ravis jüngerer Bruder, öffnete.

»Komm in!«, sagte er strahlend und zeigte den Flur entlang.

Tom ließ sich nicht lange bitten. Schon im Wohnzimmer bekam er den Mund vor Staunen nicht mehr zu. Von außen wirkte das Haus wie jedes andere, doch hier drin kam er sich vor wie in einer anderen Welt. Die Wände waren mit einem kräftigen Rot bemalt, eine süßliche Flötenmusik klang aus den Lautsprechern, und aus der Küche drangen unbekannte Gerüche. Auf einem kleinen Altar, umringt von glimmenden Räucherstäbchen, thronte die Figur eines Menschen mit einem Elefantenkopf.

»Das ist Ganesha, Gott für Stärke und Weisheit!«

Ravi legte eine halbe Papaya neben die Figur.

»Muss auch good essen!«

Tom drehte sich zu seinem Freund um. Ravi trug einen Leinenanzug ohne Ärmel. Seine Füße steckten in Ledersandalen.

Als Ravis Vater in einem dunkelblauen Anzug mit einem weißen Turban erschien und ihn freudig begrüßte, schämte sich Tom für sein Aussehen. Er hatte sich nach dem Training nicht umgezogen, und seine kurze Hose war sehr staubig.

Immer mehr Gäste in schillernden Gewändern füllten den Raum und nahmen auf bunten Sitzkissen Platz.

»Warum hast du mir nicht gesagt, dass das hier ein richtiger Empfang wird?«, zischte Tom Ravi zu. Ravi lächelte Tom zu. »Alle Freunde von Vater«, flüsterte er froh. »Vater wichtig.«

Ravis Vater hieß seine Gäste herzlich willkommen und reichte kleine Schalen mit Getränken und bunte Perlen, die nach Parfüm rochen, aber zum Lutschen waren.

Von den Gesprächen verstand Tom nichts. Die Leute redeten Indisch, Hindi, wie Ravi erklärte. Ein paarmal wurde er freundlich auf Englisch angesprochen, aber was er bisher in der Schule gelernt hatte, reichte noch nicht für eine Unterhaltung. Tom fiel auf, das Ravis Vater keinen seiner deutschen Kollegen eingeladen hatte. Ob es ihm schwerfiel, sich mit ihnen anzufreunden?

Außerdem bemerkte er, wie sehr Ravi und seine Brüder ihren Vater bewunderten und verehrten. Stolz halfen sie ihm, seine Gäste zu bewirten.

Das fremde Essen mochte Tom gerne: kleine Pfannkuchen mit feurigem Curry, Lammfleisch in knallroter Sauce, süße Kartoffeln und unbekanntes Gemüse. Auch die Musik, die Tom zu Beginn genervt hatte, gefiel ihm immer besser. Im Kreis seiner indischen Landsleute blühte Ravi auf. Er scherzte mit den Gästen, machte Quatsch mit seinen Brüdern und sang mit klarer Stimme einige Lieder vor.

Obwohl sie den ganzen Abend über kaum ein Wort gewechselt hatten, bedankte sich Ravi beim Abschied überschwänglich für Toms Besuch.

»Ich glucklich, du bist gekommen!« Er drückte Tom unvermutet an sich.

»Du hast wohl großes Heimweh nach Indien?«, erwiderte Tom und ahmte mit der Hand ein pochendes Herz nach.

Ravi verstand. »India good! Hier nicht, bad Schule!«

»So schlimm ist es nun auch wieder nicht«, versuchte Tom, ihn zu überzeugen. Aber er spürte, dass ihm sein Freund nicht glaubte. Er würde weiterhin den Unterricht schwänzen, um sich vor seinen Mitschülern keine

Blöße zu geben. Ravi war stolz. Und er war es gewohnt, im Mittelpunkt zu stehen, das hatte Tom heute Abend gesehen. Hoffentlich können ihm die Legionäre helfen, dachte Tom, wir sind schließlich seine Freunde.

Helle

Allmählich wurde der Spielplatz zu klein. Maja, Hannes, Ravis Brüder Nahu, Bharn, Nethan und Jerome waren längst Stammgäste und enterten jeden Nachmittag vom Piratenschiff aus die Pyramideninsel. Am Mittwoch brachte Maja zwei weitere Mädchen aus ihrer ersten Klasse mit. Auch in dem Wohngebiet, das an das Gelände angrenzte, hatte sich die Nachricht von dem tollen Abenteuerspielplatz mittlerweile verbreitet, und immer mehr unbekannte Kinder kamen zu dem alten Sägewerk. In den Büschen entstanden Räuberhöhlen und Indianerzelte.

Weil einige der Kleineren aber immer wieder über das Fußballfeld liefen und so das Spiel störten, begann Schreiner damit, neue Klettergerüste zu entwerfen. Aus der Heckklappe eines Lastwagens bauten die Legionäre eine Rutsche, und aus ein paar Balken eine Brücke zwischen zwei Hügeln. Anschließend schleppten sie haufenweise Bretter unter einen Baum und schlangen einen Strick um seinen kräftigsten Ast.

»Ein sehr ordentliches Aufwärmtraining«, sagte Jürgen lachend, während sich die Kinder unter der Leitung von Jerome und Nahu daranmachten, ein Baumhaus zu bauen.

Glücklich konnten sich die Jungen endlich ins Spiel stürzen.

»Helle, ich steh frei!«, brüllte Tom über das ganze Feld.

Helle drosch den Ball ohne Anlauf zu ihm, er legte mit dem Kopf ab, und Ravi umtanzte Schreiner und Bernhard wie ein Flamencotänzer.

Es war ein herrliches Training! Jeder war voll bei der Sache, das spürte Tom. Jeder wollte sein Bestes geben und dem Trainer zeigen, was in ihm steckte.

Beim Spiel gegen diese E-Jugend würde Tom seine Mannschaft zum Sieg führen. Mit Nerven wie Drahtseilen und Tricks wie von Ronaldo, nahm er sich vor.

Jürgen klatschte einige Male in die Hände. Das tat er sonst äußerst selten. Aber heute hatte auch er anscheinend seine Freude am Zusammenspiel des Teams.

Nur Mario fiel, wie so häufig, aus der Rolle. Zwar zog er nicht mehr den Fuß weg, wenn der Ball auf ihn zukam, aber als Verteidiger sollte er natürlich auf den Stürmer losgehen und ihn daran hindern, einen Schuss abzugeben. Aber Mario hielt sich meist im Hintergrund.

Als er gegen Fischkopp ausgewechselt wurde, winkte ihn Jürgen zu sich. Toms Neugier siegte gegen seinen Anstand, und er belauschte ihr Gespräch.

»Mario, hast du Angst vor dem Ball?«, fragte Jürgen.

Mario nahm seine Brille ab und polierte sie. »Nein,

nicht vor dem Ball. Aber ich will nichts falsch machen«, wimmerte er.

»Wir sind deine Freunde, Mario«, erinnerte ihn Jürgen. »Du darfst ruhig Fehler machen. Wir tun dir nichts!«

Mario nickte wieder mit großen Augen.

»Stell dir einfach vor, der Ball wäre jemand, auf den du richtig wütend bist, okay?«

Mario nickte schwach.

»Aber den Ball treffen, nicht das Schienbein des Gegners!«, mahnte Jürgen lachend.

Als Mario sich abwandte, tat Tom so, als sei er umgeknickt und müsse sich einen Moment ausruhen.

»Auswechseln!«, rief er und humpelte zum Spielfeldrand.

Mario ging für ihn ins Spiel.

»Meinst du, er hat's kapiert?«, fragte Jürgen.

Tom wollte zunächst nicht zugeben, dass er gelauscht hatte. Aber Jürgen Erstaunen vorzumachen war auch albern.

»Auf jeden Fall sieht es jetzt schon besser aus«, sagte er einfach. Mario hatte gerade einen Angriff von Tarek gestoppt, indem er ihm den Ball vom Fuß grätschte. Erstaunt blickte auch Tarek ihm hinterher.

Als Mario zur Außenlinie sah, hielten Jürgen und Tom gleichzeitig den Daumen hoch, als hätten sie sich abgesprochen. Es gab Momente, in denen fühlte sich Tom in Jürgens Gegenwart richtig gut, fast als würden sie dasselbe denken und fühlen. Jürgen fand einfach bei jedem Spieler den richtigen Ton, fiel Tom auf. Wie machte er das bloß? Reine Erfahrung? Oder gab es ein anderes Geheimnis?

Plötzlich hob Helle die Hand und rannte zum Spielfeldrand. »Pause, ich muss mal!«

Tom merkte, dass Lattes Limonade auch bei ihm Wirkung zeigte.

»Warte, ich komm mit!«, rief er. Auch Anthony und Bernhard verließen das Feld.

»Ihr habt sie wohl nicht mehr alle!«, rief Helle zurück.

Jürgen grinste. »Klar, Pinkelpause genehmigt. Aber wenn eine Dame muss, guckt ihr gefälligst weg!«

Tom fiel aus allen Wolken. Dame? War Helle etwa …

»Das ist ein Mädchen!«, brüllte Fischkopp über den ganzen Platz. Er hatte es auch kapiert.

Als Helle aus den Büschen zurückkam, hatten sich die Legionäre in einer Reihe aufgebaut.

»Warum hast du uns nicht gesagt, dass du ein Mädchen bist?«, fragte Nick fordernd.

Helle spuckte aus. »Du hast mir ja auch nicht gesagt, dass du ein Junge bist.«

»Das sieht man eben«, antwortete Tom sauer.

»Wie?«, antwortete Helle. »Ohne Hose hab ich dich noch nicht gesehen, und lange blonde Haare sind ja wohl auch nicht die typische Jungenfrisur!«

»Das ist doch egal!«, rief Nick dazwischen. »Aber du bist ein Mädchen!«

»Ich dachte, bei euch kommt es nur auf das Können an, und nicht darauf, wie einer aussieht!?«

Sie hat recht, dachte Tom. Eindeutig recht.

»Kommt jetzt als Nächstes raus, dass du Bombastis Schwester bist?«, näselte Fischkopp schon versöhnlicher.

»Keine Sorge«, meinte Helle lächelnd. »Mehr gibt's nicht zu beichten!«

»Dann schlage ich vor, dass Helle weiter bei uns mitspielen darf!«, sagte Tom.

»Moment!«, brüllte Nick. »Vorgestern hast du noch geschworen, dass nie ein Mädchen bei den Legionären mitmachen darf, und jetzt schützt du sie auch noch vor dem Rauswurf?«

»Sie ist eben kein normales Mädchen«, druckste Tom herum.

»Nein?«, wunderte sich Helle.

»Nein, du … du … du bist ein prima Kumpel!«

Zögernd stimmten die Legionäre zu.

»Aber Jürgen bekommt eine Abreibung, weil er alles wusste und uns reingelegt hat!«, brüllte Tom vergnügt. Er schüttelte seine Flasche und spritzte eine Sprudelwasserdusche über den Trainer. Lachend jagten ihn die Legionäre quer über den Platz.

Nachdem sich Jürgen trockengerubbelt hatte, gab er die Mannschaftsaufstellung für das Spiel gegen den FSV Weiß-Grün bekannt.

»Morgen ist es so weit, Legionäre. Um 16 Uhr bestreiten wir unser erstes Spiel. Wir spielen ein System, das ich Tannenbaum nenne. Vier Verteidiger, drei Mittelfeldspieler, zwei hängende Stürmer, ein Mittelstürmer ganz vorne.«

Mit einem Stock malte er ein Spielfeld in den Sand. Die Punkte, die die Spieler darstellten, sahen wirklich wie ein Tannenbaum aus.

»Wir tragen rote T-Shirts und die weißen Hosen vom Schulsport der Grimm-Schule. Die können wir leihen, wenn wir sie gewaschen zurückbringen. So, und jetzt zur Abwehr, von links nach rechts: Fischkopp, Schreiner, Mario und Anthony. Der Regisseur im Mittelfeld ist …«

Natürlich Tom!, wusste Tom. Er sah sich wieder beim entscheidenden Freistoß im Endspiel der Champions League. Seine Hose war blau, das Trikot rot. Er trug die Nummer 10, die Nummer der Helden, der Mittelfeldstars. Darüber stand in weißen Buchstaben TOM, so würde er sich nennen. Nur einen Namen, wie die Brasilianer es seit 50 Jahren taten: Pele, Zico, Ronaldo, Tom. Ein Name, der Generationen unvergessen blieb!

»… Ravi«, sagte Jürgen.

»Ravi? Aber … Ich dachte, ich …«

Jürgen fuhr fort: »Links neben Ravi Bernhard, rechts

Helene. Die hängenden Spitzen sind Nick und Tarek, und davor, als Mittelstürmer Tom. Da sind deine Qualitäten am besten aufgehoben.«

Natürlich war Mittelstürmer ein toller Posten. Träumten nicht alle Jungen davon, ihre Mannschaft durch Tore weiterzubringen? Trotzdem meldete sich in Tom das kleine Tier wieder, das er in den letzten Tagen fast vergessen hatte – der Selbstzweifel.

Warum hatte einer, den sie kaum kannten, das Sagen über ihr Team? Durfte er, Tom, sich so herumschubsen lassen? Schließlich war er der Kapitän! Und Zenturio! Er sah sich nach Verbündeten um, aber keinen seiner Mannschaftskollegen schien diese himmelschreiende Ungerechtigkeit zu stören. Na, ich werde es ihnen schon zeigen! Morgen auf dem Platz lasse ich Taten sprechen. Und dann werden die Legionäre wieder mir zuhören und nicht mehr unserem Möchtegerntrainer!, dachte er wütend und schwang sich auf sein Skateboard.

Doch auch abends im Bett fand er keine Ruhe. Immer wieder malte er sich aus, wie er alleine das Spiel herumreißen würde. Viel zu spät schlief er ein.

Das erste Spiel

»Na endlich kommst du!«, rief Fischkopp aufgeregt, als Tom am nächsten Nachmittag in die Umkleidekabinen der Grimm-Schule trat. »Der Bus vom FSV Weiß-Grün ist schon da!«

»Hast du gesehen, was die für tolle Trikots haben?«, schwärmte Mario. »Weiß und grün und richtig mit Werbung, wie echte Fußballer!«

»Wir sind auch echte Fußballer«, knurrte Nick.

»Männer!«, begann Jürgen seine Ansprache, stockte und begann grinsend noch einmal von vorne. »Männer – und Helle! Heute werden wir sehen, ob sich die Arbeit der letzten Woche ausgezahlt hat. Wenn jeder von euch leidenschaftlich kämpft, werden wir siegen!«

Nick rief dazwischen: »Mann, die Knirpse überrennen wir doch! Wir müssen nur die Tore zählen!«

Sie lachten, doch Jürgen stauchte Nick zusammen: »Die vermeintlich Kleinen sind gefährlicher als die Großen, wenn man sie nicht ernst nimmt. Überheblichkeit hat noch keine Mannschaft zum Sieg geführt, also seid aufmerksam. Auch du, Nick.«

Nick sah giftig zurück, hielt aber den Mund.

»Meine Taktik ist ganz einfach«, fuhr Jürgen fort. »Kämpfen um jeden Ball! Ihr müsst sie schon an der Mittellinie abfangen! Dann werden sich zwangsläufig Chancen für uns ergeben.« Er lächelte aufmunternd in die Runde.

»Und jetzt zeigt, was ihr gelernt habt!«

Als die Legionäre aus den Kabinen traten, wurden sie vom höhnischen Applaus der Grimmigen empfangen.

»Bravo, bravo, die Helden vom Römerwall!«, grölte Bombasti. Neben dem Goldenen Jahrgang hatten sich nur wenige Zuschauer, vor allem Mütter und Geschwister ihrer Gegner, eingefunden.

Tom zischte: »Und wir werden sie doch wegputzen!«

Nick grinste. »Zu Befehl, mein Zenturio!«

Die Weißgrünen hatten Anstoß und schoben sich im Mittelkreis den Ball zu. Tom jagte dazwischen und luchste ihnen das Leder ab. Nick und Tarek überliefen das Mittelfeld und waren im Nu am Strafraum. Tom rannte ohne Umwege nach vorn, umdribbelte einen Verteidiger und schoss. Der Ball sauste wie an der Schnur gezogen auf das Tor der Gastmannschaft zu. Ihr Torwart streckte sich und konnte ihn noch mit den Fingerspitzen um den Pfosten lenken.

»Warum gibst du denn nicht ab?«, beschwerte sich Nick.

»Du kriegst deine Tore schon auch noch!«, rief Tom zurück.

Ravi legte sich den Ball zur Ecke zurecht, nahm Anlauf und schoss ihn in einem langen Bogen direkt ins Tor.

Wenn man Staunen hören könnte, dachte Tom, müsste man sich auf dem Platz jetzt die Ohren zuhalten.

Bombasti rutschte eine Tüte Popcorn aus der Hand.

Die Legionäre rissen die Arme hoch. Ravi war ihr erster Torschütze in einem richtigen Spiel!

Nick raunte Tom zu: »Das wird ja noch einfacher, als ich gedacht habe!«

Doch beim Wiederanstoß passten die Weißgrünen diesmal besser auf. Wie ein Bienenvolk fielen die Spieler in die Hälfte der Legionäre ein. Helle konnte rechts den Ball abfangen, doch ihr Schuss kam nicht bei Tarek an. Ein Weißgrüner lief ihn ab und flankte über den halben Platz. Der Mittelstürmer hämmerte den Ball flach an Latte vorbei. Ein Pfiff, 1:1!

Jetzt wurden die Grimmigen wieder lauter.

Tom ballte die Fäuste. Er passte vom Anstoßpunkt zu Nick. Der überlief links zwei Gegner. Mit einem Heber brachte er den Ball auf die andere Seite zu seinem Bruder. Tom hob die Arme.

»Gib ab!«, brüllte er, doch Tarek verhaspelte sich und blieb in der Abwehrreihe stecken.

Tom war stinksauer. »Verdammt, was machst du? Ich stand frei!«

»Standst du nicht! Du warst gedeckt!«, gab Tarek zurück.

»Ja, aber von zwei Zwergen. Das nächste Mal gibst du ab, wenn ich das sage, verstanden?«

»He, könnt ihr nicht woanders diskutieren!?«, mischte sich Nick ein. »Wir sollen um jeden Ball kämpfen!«

»Dann tu's doch!«, giftete Tom zurück. »Zum Abwehren ist die Abwehr da – nicht wir!«

Der Torjubel der Weißgrünen unterbrach die drei Stürmer. 1:2, der Schiedsrichter zeigte auf den Anstoßpunkt.

»Ich hoffe, Jürgen sieht das genauso!«, murmelte Nick für sich.

Während der ersten Halbzeit wirbelten ihre Gegner die Defensive der Legionäre gehörig durcheinander. Anthony, Mario, Schreiner und besonders Fischkopp, der gegen den Mittelstürmer der Weißgrünen spielte, hatten große Mühe, die Angriffe abzuwehren. Zum Glück war Latte in Topform und hielt alles, was an seinen Vorderleuten vorbeiflog.

Dann pfiff der Schiedsrichter zur Pause. Schnaufend marschierten die Legionäre in die Kabine.

Ihr Trainer empfing sie mit klaren Worten: »Ich habe euch ja gewarnt! Unterschätzt niemals euren Gegner!«

In Tom brodelte es. »Respekt ist ja gut und schön, aber du hast auch von Mut geredet! Es hätte schon längst 10:2 stehen können, aber wir müssen ja unbedingt mit Mann und Maus verteidigen! Das Mittelfeld lässt uns verhungern!«, platzte er heraus.

Ravi, Helle und Bernhard schüttelten empört die Köpfe.

»Tss, und der Herr Mittelstürmer macht wohl alles richtig, was?«, rief ihm Bernhard zu. »Wenn du mal abspielen würdest, stünde es sicher schon 11:2!«

Jürgen versuchte, den Streit zu schlichten. »Wer die Tore schießt, ist unwichtig – aber schießt sie!«

Ernst blickte er in die Runde. »Ihr macht das schon. Und jetzt raus mit euch. Toi, toi, toi!«

Die Legionäre trollten sich aus der Kabine.

Als Tom als Letzter hinausgehen wollte, hielt ihn Jürgen zurück und sah ihm tief in die Augen. »Vergiss nicht, ein Team besteht aus elf Spielern, nicht aus zehn Statisten und einem Helden, verstanden?«, mahnte er.

»Ja, ja, ich weiß, elf Freunde müsst ihr sein!«, leierte Tom gelangweilt den alten Spruch herunter. Er hatte genug von den ewigen Belehrungen!

»Falsch! Wen du zu deinem Geburtstag einlädst, ist mir schnuppe«, konterte Jürgen bissig. »Aber wenn ihr auf dem Platz steht, dann darf es keine Spannungen zwischen euch geben – und keinen Neid.«

Tom starrte ihn wütend an. »Du stellst die Mannschaft auf, und ich schieße die Tore, kapiert!«

Damit trabte er aufs Spielfeld zum Mittelkreis, wo Nick schon auf ihn wartete.

»Der soll mich mal kennenlernen!«, schnaubte Tom. »Wir spielen Doppelpass!«

Kaum hatte der Schiedsrichter das Spiel wieder angepfiffen, als die beiden Jungen parallel zueinander über den Platz stürmten und sich geschickt den Ball zuspielten. Die Weißgrünen kamen immer einen Schritt zu spät. An der Strafraumgrenze legte Nick noch einmal auf Tom zurück. Er drehte sich um die eigene Achse und schob den Ball am verdutzten Torwart vorbei ins Netz. Es stand 2:2!

Jubelnd rannte Tom an der Außenlinie entlang und ließ sich vor den Augen Bombastis feiern. Das tat richtig gut!

Jürgen, der ihn abklatschen wollte, ignorierte er.

Eine halbe Stunde lang hielten sich die Legionäre eisern an die Vorgaben des Trainers und kämpften verbissen um jeden Ball. Die Weißgrünen ließen sie nicht an Lattes Tor herankommen. Doch die Legionäre waren so sehr auf die Abwehr konzentriert, dass sie selbst keinen Ball mehr nach vorne bekamen. Die Weißgrünen hatten nach Toms Anschlusstreffer an Schnelligkeit zugelegt und gaben sich keine Blößen.

Eine Viertelstunde vor Schluss gelang es ihrem Mittelstürmer, sich an Fischkopp vorbeizumogeln. Anthony versuchte, die Lücke zu schließen, indem er auf den Gegner zusprintete. Kurz bevor er ihn erreicht hatte, spielte der aber in die jetzt freie Mitte. Sein Mannschaftskamerad hatte keine Mühe, den Ball in aller Ruhe anzunehmen und sich die Torecke auszusuchen. Er täuschte links an. Als Latte absprang, drehte der Weißgrüne sein Bein und schoss den Ball flach am Torhüter vorbei. Die Legionäre lagen mit 2:3 hinten!

»Alles nach vorne!«, brüllte Tom mit hochrotem Kopf.

»Nein, jetzt nicht die Nerven verlieren!«, rief Jürgen auf den Platz.

Verwirrt sahen die Spieler zwischen den beiden hin und her.

Schließlich wurde Ravi durch einen langen Pass von Helle bedient. Er umkurvte vier Gegner, der Ball schien an seinem Fuß zu kleben. Von der Seitenauslinie zog er eine Bananenflanke in die Mitte. Tom sprintete in den Sechzehnmeterraum. Ein Weißgrüner rannte auf ihn zu und sprang ihm in die Beine. Tom fiel. Der Schiedsrichter zögerte keinen Augenblick. Er gab dem Jungen eine gelbe Karte und zeigte auf den Elfmeterpunkt. Tom wusste es: Er würde es machen wie Andreas Brehme und ganz cool den entscheidenden Elfmeter in die Maschen setzen! So stünde es unentschieden, und damit wäre wenigstens die Ehre der Legionäre gerettet.

»Bernhard schießt!«, brüllte Jürgen da und fuhr aufgeregt die Linie entlang, als könne er Toms Gedanken lesen.

»Bumm-Bumm-Bernhard!«, riefen Fischkopp und Mario rhythmisch.

Bernhard nickte und schnappte sich den Ball, doch Tom riss ihm das Leder aus den Händen. »Ich schieße, klar?«

»Der Trainer sagt, ich soll schießen!«, stammelte Bernhard unsicher und pustete sich die Haare aus dem Gesicht. Doch Tom legte den Ball bereits auf den Elfmeterpunkt.

»Bernhard schießt!«, bestimmte Jürgen noch einmal.

Tom schaute grimmig zum Seitenrand, ihre Blicke trafen sich. Dann holte er aus – und kickte den Ball auf die Tribüne. Die Grimmigen johlten vor Vergnügen. Der Schiedsrichter zeigte Tom wegen Unsportlichkeit die gelbe Karte.

Als der Ball wieder zurück im Spiel war, zitterte Bernhard vor Erregung.

»Nie schafft er das!«, grummelte Tom deutlich hörbar.

Bernhard zögerte kurz. Dann lief er an und trat über den Ball. Der kullerte hüpfend zum Tor, wo ihn der grünweiße Keeper grinsend in Empfang nahm. Die Gegner jubelten.

Jetzt drehte sich das Blatt endgültig. Der FSV Weiß-Grün tobte über den Platz, die Legionäre hatten ihnen kaum etwas entgegenzusetzen. Matt ließen sie sich über das Spielfeld jagen und konnten zwei weitere Gegentore nicht mehr verhindern.

»So eine Blamage, und das vor Bombastis Augen!«, keifte Tom. Ihm war zum Heulen zumute.

Als der Schiedsrichter das Spiel endlich abpfiff, stürmte Tom auf Jürgen zu und baute sich drohend vor ihm auf. »Du hast das Spiel kaputtgemacht! Wenn du nicht im Rollstuhl sitzen würdest, würde ich dir jetzt eine reinhauen!«

»Dann tu's doch! Du musst mich nicht wie ein rohes Ei behandeln, nur weil ich nicht laufen kann. Schlag zu, wenn du die Antwort vertragen kannst!«

Plötzlich war Tom von seinen eigenen Worten schockiert – wie hatte es so weit kommen können? Er spürte, wie die Legionäre in seinem Rücken einen Moment lang den Atem anhielten. Tom schlug nicht zu. Stattdessen rannte er zu den Kabinen. Das Tierchen in ihm nagte, als wolle es eine komplette Höhle ausbauen. Alles Jürgens Schuld, so viel war sicher. Wütend zog Tom sich um.

»Tauch nie wieder bei uns auf, hast du verstanden!«, brüllte er, als er an Jürgen vorbei aus der Umkleidekabine lief. »Du bist gefeuert, wir brauchen dich nicht mehr! Hau ab!«

Er glaubte, ein Funkeln in den Augen seines regungslos dasitzenden Extrainers zu sehen.

Schwungvoll sauste Tom auf seinem Skateboard davon. Mit dem Handrücken wischte er sich trotzig die Tränen aus dem Gesicht. Ab morgen würde er wieder das Training übernehmen!

Halbzeitpause

Viel zu früh hockte Tom auf der Laderampe des alten Sägewerks und sah den Kindern aus der Nachbarschaft zu, die auf dem Piratenschiff herumturnten. Er seufzte. Vor genau zwei Wochen hatte er die Idee gehabt, einen eigenen Fußballclub zu gründen. In genau zwei Wochen sollte das Spiel gegen die Grimmigen stattfinden. Heute war also Halbzeit. Pause. Aber Tom fühlte sich nicht so, als könne er ausruhen. In der Schule hatten ihn die Legionäre geschnitten, als wenn er die Schuld an dem verlorenen Spiel hätte!

Nach und nach trafen alle Spieler ein. Tom zeigte nur auf den Platz. »Na, dann lauft mal los!«

Sofort lief Bernhard knallrot an. »Der Herr sitzt also immer noch auf seinem hohen Ross. Aber herumschubsen lassen kann ich mich auch woanders!«, rief er wütend und pfefferte die Kette mit seinem Dietrich auf die Wiese. »Ich bin die längste Zeit ein Legionär gewesen!«

Tom verzog sein Gesicht zu einem gequälten Lächeln. Etwas Verlust ist immer, dachte er bitter. Doch dass auch Helle ihren Schlüssel ins Gras warf, traf ihn tief.

»Und ich hab gedacht, du wolltest dich entschuldigen!«, rief sie empört. »So hab ich auch keine Lust mehr. Da hätte ich ja gleich bei Bombasti bleiben können!«

»Okay.« Tom versuchte, sich sein Entsetzen nicht anmerken zu lassen. »Dann suchen wir uns eben zwei neue Spieler!«

»Drei neue!«, murmelte Mario und legte ebenfalls seinen Schlüssel ab.

»Vier!«

»Fünf!«

»Sechs!«

Latte, Anthony und Schreiner zogen die Dietriche vom Hals und gingen hinter Bernhard und Helle davon.

Ravi schüttelte traurig den Kopf, drückte Tom die Kette in die Hand, rief seine Brüder zu sich und verschwand mit ihnen vom Gelände.

Nun standen nur noch die Zwillinge und Fischkopp auf dem Platz.

»Dieser blöde Hund hat alle gegen mich aufgehetzt!«, schimpfte Tom.

Nick wurde wütend. »Lass doch endlich mal Jürgen in Ruhe!«

»Du hast Mist gebaut, nicht er!«, fügte Tarek hinzu. »Alles, was er mit uns aufgebaut hat, hast du niedergetrampelt!«

»Ich?«, brüllte sie Tom an. »Er!«

Tarek schüttelte den Kopf. »Nein. Und es gibt nur noch eine Chance, unseren Ball zu retten: Du musst dich endlich bei Jürgen entschuldigen und ihn bitten, wieder unser Trainer zu werden!«

Tom fühlte, wie die Vulkanwut in ihm aufstieg. »Hast du ne Macke? Er hat mich lächerlich gemacht. Entweder kommt er zu mir, oder die Legionäre sind Geschichte!« Er ballte die Fäuste. Das war alles so ungerecht!

»Na klar, er hat dich lächerlich gemacht. Er hat ne Traineranweisung gegeben! Aber wenn das nicht in dein Hirn geht und unser Ball deswegen futsch ist, kenne ich zwei, die die längste Zeit einen besten Freund hatten«, sagte Nick bitter.

Damit ließen ihn die Zwillinge einfach stehen und fuhren auf ihren Fahrrädern davon.

Tom sah zu Fischkopp. Ihr Kleinster kauerte auf der Wiese, den Kopf in die Hände gestützt.

»Was ist?«, pflaumte Tom ihn an. »Willst du nicht auch endlich abhauen?«

Fischkopp schüttelte den Kopf. Jetzt erst bemerkte Tom, dass er weinte.

»Ich trau mir nicht nach Hause! Der Kress hat mich im Mathetest ne Sechs reingehauen!« Er schluchzte.

Toms Wut verpuffte auf einen Schlag. Er hockte sich zu seinem weinenden Freund und nahm ihn in den Arm.

»Die werfen mir jetzt bestimmt von der Schule, wenn ich schon am Anfang zu doof bin. Dabei geb ich mich doch echt Mühe, aber ich kann's mich einfach nicht merken …!« Mit geröteten Augen sah er Tom an. »Jetzt ist mein Kopf schon so lang, und trotzdem will Mathe nicht drinbleiben!«

Er lächelte schräg, aber dabei entfuhr ihm ein schwerer Seufzer.

Tom streichelte ihm über die wuscheligen Haare. »Wir finden schon eine Lösung. Schließlich sind wir eine Mannschaft!«

»Nein, eben nicht!«, schniefte Fischkopp wieder los. »Die Mannschaft gibt es doch auch nicht mehr!«

An seiner Brust spürte Tom, wie Fischkopps Körper ruckweise von seinen Sorgen durchgeschüttelt wurde. Er seufzte und fasste einen Entschluss: »Gut. Ich werde mit Jürgen reden. Dir zuliebe!«

Fischkopp sah zu ihm auf. Durch die Tränen erkannte Tom das alte, fröhliche Funkeln seiner Augen wieder.

»Echt?«, stammelte Fischkopp glücklich.

Tom nickte.

Die ganze Nacht lang aber fragte sich Tom, ob er Fischkopp nicht zu viel versprochen hatte. In den Morgenstunden entschied er, dass es wohl das Beste wäre, wenn er die Legionäre verlassen würde. Jürgen und ich, überlegte sich Tom, wir passen einfach nicht zusammen. Und ich hab keine Lust, mich zum Hampelmann dieses Möchtegerntrainers zu machen! Aber die anderen Legionäre brauchen Jürgen, um das Spiel zu retten. Und einen neuen Kapitän … na ja … den werden sie schon finden. Tom seufzte. Sie haben ja zehn Spieler zur Auswahl.

Endlich übermannte ihn der Schlaf.

Wenige Stunden später riss ihn nicht der Wecker, sondern sein Vater aus dem Schlaf und bestand darauf, dass er mit zu Großtante Ingeborg fuhr.

»Mein größtes Hobby!«, stöhnte Tom und verdrehte die Augen. »Fünfundsiebzigste Geburtstage!«

Eigentlich hatte Tom sich fest vorgenommen, nach einem ausgiebigen Frühstück mit Jürgen zu sprechen. Stattdessen zwängte er sich übermüdet in seinen blauen Anzug. Auch Hannes nörgelte, weil er ein feines Hemd anziehen musste.

Ingeborg war die Schwester von Toms Großvater. Sie lebte in einer stickigen kleinen Wohnung, die vollgestopft war mit alten Polstermöbeln und staubigen Porzellantellern in dunklen Regalen. Nachdem sie vor zwei Jahren in ihrer Wohnung gefallen war und sich ein Bein gebrochen hatte, glaubte sie, dass sie keinen Schritt mehr sicher tun konnte, und seitdem saß sie nur noch in ihrem Rollstuhl. Ihren Gästen gegenüber klagte sie ununterbrochen ihr schweres Schicksal als alleinstehende alte Frau. Deshalb besuchte sie niemand gern, auch Toms Eltern nicht.

»Mir ist heiß!«, stöhnte Hannes schon beim Eintreten.

»Pscht!«, machte seine Mutter.

Nach dem üblichen Geküsse aller anwesenden Verwandten setzte sich Tom auf ein Sofa und beobachtete Großtante Ingeborg.

Sofort wurde er wütend. Seine Tante ließ sich von vorne bis hinten bedienen. Man musste für sie zur Tür laufen, ihr das Telefon holen oder die Brille suchen. Tom erkannte seine Eltern kaum wieder, die den Wünschen willig nachgaben.

»Mir wird schlecht, wenn ich sehe, wie ihr euch hier zum Affen macht!«, zischte er seiner Mutter zu.

Sie seufzte. »Du hast ja recht, aber es ist ihr Geburtstag!«

Tante Ingeborg unterbrach ihr Gespräch. »Junge, sei doch so gut und schenke mir Kaffee nach!«

Tom dachte gar nicht daran. »Warum machst du das nicht selber?«, knurrte er zurück.

Tante Ingeborg sah ihn strafend an. »So. Du willst deiner alten, kranken Tante nicht einmal einen Gefallen tun. Du solltest dich schämen, gesund und kräftig wie du bist.«

»Tom hat einen Freund, der sitzt auch im Rollstuhl«, plapperte Hannes. »Aber der kann alleine trinken, nicht, Tom?«

Hannes hat ja so recht, dachte Tom. Und im Grunde muss ich Tante Ingeborg sogar dankbar sein. Jürgen leistet enorm viel, ohne sich nur im Geringsten über seine Behinderung zu beschweren. Nur im äußersten Notfall lässt er sich helfen, springt aber selber immer für andere ein.

»Er hat es nicht verdient, dass ich mich so aufspiele!«, murmelte Tom. »Ich muss ihn endlich den Job machen lassen, für den er sich angeboten hat, und darf mich nicht dauernd einmischen!« Er stand auf und verließ den Kaffeetisch.

»Was hast du?«, wollte Hannes wissen.

»Ach, nichts!«, antwortete Tom und lief an seinen verdutzten Eltern vorbei zur Tür. »Ich muss was Dringendes erledigen!«, rief er ihnen zu.

Gut, dass er sein Skateboard mitgenommen hatte. Rasch fuhr er die Straße hinunter, auch wenn er sich in seinem Anzug ein wenig komisch vorkam. Nach zwanzig Minuten stand er vor dem Haus, in dem Jürgen mit seinen Eltern lebte. Eine Rampe führte zur Tür hinauf. Jürgens Mutter, eine kleine Frau mit gutmütigem Gesicht, öffnete ihm.

»Ich muss unbedingt zu Jürgen, ist er da?!«, keuchte Tom.

Sie schüttelte den Kopf. »Nein, er hat ein Spiel, aber er müsste bald wieder zurück sein.«

Durch einen Flur mit braunen Fliesen geleitete sie Tom in Jürgens Zimmer und ließ ihn alleine. Tom sah sich um. Die Einrichtung war schlicht und praktisch. Über dem Bett baumelte ein Griff an einem Kran, aus der Schreibtischplatte war ein Halbkreis herausgesägt, so dass Jürgen alles auf dem Tisch Stehende leicht erreichen konnte. Jürgens Schätze aber hingen an den Wänden: Überall klebten dicht aneinander Autogrammkarten und signierte Poster von Fußballspielern und Basketballstars. Toms eigene Sammlung kam ihm dagegen lächerlich klein vor. Es waren auch Fotos darunter, die Jürgen Arm in Arm mit einem Prominenten zeigten.

»Das ist einer der wenigen Vorteile, wenn man im Rollstuhl sitzt!«

Tom fuhr herum. Jürgen kam ins Zimmer und pfefferte seine Sporttasche in die Ecke.

»Kein Star lässt dich stehen, wenn so ein armer Kerl wie ich ein Foto mit ihm machen möchte!«, sagte er und lächelte schief.

Er fuhr zu seinem Schreibtisch und schaltete ein kleines Radio ein. Sogleich schnarrte eine begeisterte Stimme los.

»Die Bundesligakonferenz, meine Lieblingssendung!«, erklärte Jürgen kurz.

Er kramte ein Notizheft aus einer Schublade, schlug es auf und schrieb mit.

»Schon 1:2 in München!«, murmelte er. »Noch ein Tor, und Schalke übernimmt die Tabellenführung!«

Jetzt meldete sich ein anderer Reporter aus Dortmund. Seine Stimme überschlug sich fast, denn der Schiedsrichter hatte den Gästen aus Mainz einen glasklaren Elfmeter verweigert.

Gebannt sah Tom dabei zu, wie Jürgen unaufhörlich irgendwelche Zeichen in sein Heft kritzelte. Statistiken über Eckbälle, eine Torschützenliste, die Aufstellung aller gelben Karten. Kein Spielzug entging seiner konzentrierten Aufmerksamkeit. Tom ließ sich von Jürgens Begeisterung anstecken. Die beiden Jungen fieberten mit allen Mannschaften gleichzeitig mit.

Bis zur letzten Minute überschlugen sich die Stimmen, die Reporter kreischten, winselten, jubelten und stöhnten, dann waren alle sieben Partien der Bundesliga beendet. Sofort hatte Jürgen die neue Tabelle errechnet.

»Jürgen, ich bin ein Vollidiot!«, platzte es plötzlich aus Tom heraus. »Ich hab mich benommen wie die Axt im Wald!«

Jürgen nickte. »O ja, das hast du!«

Tom starrte ihn an. Darüber hatte er gar nicht nachgedacht: Was wäre, wenn Jürgen seine Entschuldigung nicht annahm?

»Aber ich habe auch Fehler gemacht«, fuhr Jürgen fort. »Dich während des Spiels zurechtzuweisen war einer davon. Das war die Kraftprobe, der wir beide lange aus dem Weg gegangen sind. Ich habe sie zum falschen Zeitpunkt gewonnen … und deswegen verloren.«

Beide Jungen streckten gleichzeitig ihre rechte Hand aus.

»Nimmst du meine Entschuldigung an?«, fragten sie im selben Augenblick und prusteten los vor Lachen.

»Ziehst du für Entschuldigungen eigentlich immer einen Anzug an?«, wollte Jürgen wissen.

»Und du?«, fragte Tom zurück. »Hast du eigentlich für jede Lebenslage den richtigen Spruch auf Lager?«

»Noch nicht«, gab Jürgen zu. »Aber ich arbeite dran. Und jetzt, Kapitän, ruf die anderen an. Morgen um neun wird trainiert, nein, lieber um zehn, dann kann Bernhard in Ruhe seine Zeitungen austragen.«

»Jawohl, Trainer!«, rief Tom und griff zum Telefon.

Zweite Halbzeit

Punkt zehn Uhr stand Tom auf der Laderampe des alten Sägewerks und fühlte sich wie ein Schwerverbrecher neben seinem Galgen. Natürlich waren alle Legionäre gekommen, um zu hören, mit welchen Worten sich ihr Zenturio rausreden würde.

Tom atmete tief durch. Er sparte sich lange Erklärungen und kam gleich zur Sache.

»Wie ihr alle habe ich geschworen, die Ehre der Legionäre immer zu verteidigen. Doch ich hab nur mich gesehen und wollte mit dem Kopf durch die Wand!«

Er sah zu Bernhard.

»Besonders muss ich mich bei Berni entschuldigen, den ich auf dem Platz so angeschrien habe. Ich bin sicher, du hättest den Elfer sonst reingemacht, und wir hätten gewonnen.«

Bernhard senkte betreten den Kopf.

»Bei Jürgen habe ich mich bereits entschuldigt. Er weiß, dass ich von nun an seinen Anweisungen folgen werde, ob sie mir schmecken oder nicht – wenn ihr mich überhaupt weiterhin im Team haben wollt …« Er verstummte und sah in die Runde.

Die Legionäre steckten die Köpfe zusammen.

Tom wurde abwechselnd heiß und kalt. Die anderen hatten allen Grund, ihn nach all dem Ärger rauszuschmeißen, aber es würde ihm das Herz zerreißen.

Endlich schienen die Spieler zu einer Entscheidung gekommen zu sein. Tom schluckte. Sind dies meine letzten Sekunden auf diesem Platz?, schoss es ihm durch den Kopf.

Bernhard sah ihn streng an.

»Entschuldigung angenommen!«, sagte er schließlich.

Die anderen klatschten in die Hände. Tom fühlte Tränen aufsteigen, blinzelte sie aber schnell weg.

»Ich bin überglücklich!«, stammelte er. »Aber jetzt müssen wir noch einen neuen Kapitän wählen. Ich stelle das Amt zur Verfügung, denn ich habe es nicht gut ausgeübt.«

»Bisher nicht!«, rief Tarek. »Aber durch dein Rücktrittsangebot hast du bewiesen, dass du dich geändert hast. Tom soll Kapitän bleiben – was meint ihr?«

»Tom soll Kapitän bleiben. Ave Zenturio!«, schallte es zurück.

Dann ergriff Jürgen das Wort: »Toms Eigensinn hatte auch etwas Gutes. Er hat mich nämlich auf eine neue Trainingsmethode gebracht, die wir gleich ausprobieren wollen. Ab jetzt darf keiner im Spiel den Ball länger als drei Sekunden am Fuß haben!«

Fischkopp stand der Mund offen. »Drei Sekunden? Das ist ja gar nichts!«

»Wofür soll das gut sein?«, wollte auch Schreiner wissen.

»So üben wir das Kurzpassspiel. Das ist moderner Fußball. Jeder hat gerade Zeit, den Ball anzunehmen und sofort weiterzuspielen. So hetzt ihr den Gegner hin und her!«

Die Legionäre waren verblüfft.

»Du meinst, die können gar nicht so schnell schalten, wie wir passen?«, fragte Helle nach.

»Genau!«, rief Latte begeistert. »Die können zaubern, aber wir können spielen!«

Begeistert stürmten sie aufs Spielfeld. Jürgen fuhr über die Rampe und pfiff von oben jedes Mal ab, wenn ein Spieler länger als drei Sekunden den Ball führte, und die Gegnermannschaft bekam einen Freistoß. Schon nach kurzer Zeit lief der Ball so blitzschnell durch die Reihen, dass Maja und Jerome staunend neben dem Platz standen, statt auf Reifen zu klettern. Tom lächelte glücklich. Das war seine Mannschaft!

Als das Training zu Ende war, rief Tom noch einmal alle zusammen.

»Fischkopp hat arge Probleme in Mathe und tierisch Angst vor der ersten Klassenarbeit. Kann einer von euch gut Fußball spielen, wenn er Angst hat?«

Die Legionäre schüttelten den Kopf.

»Fischkopp auch nicht, also geht es uns alle was an!«

Schreiner schnippte mit dem Finger.

»Mit Zahlen kenn ich mich ganz gut aus. Ich könnte ihm ein bisschen helfen!«

»Genau, wir geben ihm Nachhilfeunterricht!«, fiel auch Tarek ein. »Oben im Hauptquartier!«

»Aber nicht unentgeltlich«, rief Latte. Alle starrten ihn an. »Na, er muss es uns mit Toren zurückzahlen!« Er lachte, und seine Freunde fielen mit ein. Es wurde ein Plan für Fischkopps Mathestunden erstellt. Schreiner, Helle und Tarek würden ihm helfen. Für diese Zeit bekamen sie von Jürgen »Sonderurlaub«.

Der Nachhilfeunterricht startete gleich am nächsten Tag. Während Fischkopp und Schreiner im Turm über den Mathehausaufgaben brüteten, zog Jürgen auf dem Platz mal wieder ein Ass aus dem Ärmel. Er stellte den Legionären Ravis zweijährigen Bruder Nethan als seinen neuen Co-Trainer vor.

»Nicht eifersüchtig sein«, sagte Latte zu Berta, die vor seinen Füßen nach Samen pickte.

»Nethan aber no Käfig!«, bat Ravi.

Sie lachten.

»Nein, keine Angst, ich brauche ihn nur heute«, beschwichtigte Jürgen und rollte einen Ball auf Nethan zu. Der Kleine bückte sich, aber der Ball war schon weggerollt, und er griff ins Leere.

»Seht ihn euch genau an. So benehmt ihr euch auch!«

»Du willst uns doch nicht allen Ernstes mit einem Kleinkind vergleichen?«, fragte Nick.

»Auf einem Gebiet schon. Wenn Nethan den Ball aufheben will, bückt er sich da, wo der Ball ist. Um erfolgreich zu sein, müsste er sich aber da bücken, wo der Ball hinrollt.«

»Kapier ich nicht!«, rief Latte.

»Aber ich!«

Überrascht blickten sie zu Mario. Bisher hatte er sich in fußballtechnischen Fragen noch nicht hervorgetan.

»Jürgen meint, wir sollen den Ball nicht dahin schießen, wo unser Mann steht, sondern dahin, wo er hinlaufen wird!«

Strahlend nahm er ein anerkennendes Nicken des Trainers entgegen. »Genau so ist es! Wenn ihr immer zu eurem Mann spielt, seid ihr berechenbar. Spielt ihr aber in den freien Raum, habt ihr tausend Möglichkeiten!«

Sofort begannen sie mit der Umsetzung der neuen Vorgaben. Ravi war dabei ganz besonders gut. Seine Flanken und Pässe senkten sich immer so genau auf den Fuß seines Mitspielers, dass die anderen vor Staunen oft vergaßen, den Ball auch ins Tor zu schieben.

»Die anderen haben viel Geld, wir haben Ravi!«, rief Anthony.

Tom fühlte Neid in sich aufsteigen, aber dann rief er sich seinen Schwur wieder ins Gedächtnis und freute sich aufrichtig mit seinem Freund.

Als die anderen Jungen nach Hause gegangen waren, bat er Ravi um Sondertraining.

»Klar, wir machen!«, sagte Ravi strahlend, und sie übten noch eine Stunde Freistöße.

Am Dienstagnachmittag kam Mario wieder über eine Stunde zu spät. Die Legionäre hatten längst ihren Geländelauf hinter sich und bereiteten sich gerade auf ein Spiel vor.

»Warum kommst du so spät, Mario?«, fragte Jürgen ihn freundlich.

»Das geht dich überhaupt gar nichts an!«, brüllte Mario plötzlich.

Tom wollte ihn schon zur Rede stellen, doch ein Blick von Jürgen hielt ihn zurück. »Wärm dich auf und komm dann ins Spiel«, sagte er einfach.

Es fiel Tom schwer, sich auf das Spiel zu konzentrieren, immer wieder schweifte sein Blick zu Mario, der unverdrossen seine Runden um das Spielfeld drehte. Was war da nur los?

Kaum merkte er, dass einer von Bernhards Granatschüssen auf ihn zuflog.

»Deckung«, schrie Helle. Tom duckte sich. Der Ball landete im Dornengestrüpp vor dem dritten Backsteingebäude.

Sofort sprang Latte hinterher. Für einen kurzen Moment war er verschwunden. Plötzlich ertönte ein Pfiff aus dem Dickicht.

»Kommt mal alle her, das müsst ihr euch ansehen. Folgt einfach den Gleisen.«

Anthony voraus, rannten sie zu der Stelle, wo sie ihren Torwart vermuteten. Schon bald sahen sie ihn. Er stand vor dem Tor zur Halle und starrte durch ein Rostloch. Helle war als Erste bei ihm.

»Ich werd verrückt!«, stöhnte auch sie.

Tom legte seinen Kopf neben ihren. Für einen Augenblick spürte er ihre Nähe, und das gefiel ihm. Dann hatten sich seine Augen an die Dunkelheit gewöhnt. In der Halle stand eine alte Dampflok! Sie war ganz schwarz, hatte rote Räder und einen langen Schornstein. Hinter dem Führerhaus war ein kleiner Tender, der wohl früher einmal mit Kohlen gefüllt gewesen war.

»Mann, wie im Wilden Westen!«, rief Fischkopp begeistert, der heute Fußball und nicht Mathe trainierte.

»Ist ja irre!«, fand auch Tarek. Rasch schob er seinen Dietrich ins Schloss. Er passte!

Die Tür schwang auf, und die Legionäre sprangen gleichzeitig auf die Lok. Nick und Tarek besetzten das Führerhaus, Latte hockte auf dem Dach und spielte Ausguck, Anthony, Bernhard und Fischkopp saßen breitbeinig auf dem Kessel, Schreiner klammerte sich am Schornstein fest, und Mario schaufelte aus dem leeren Tender unaufhörlich Kohlen durch die Luke. Eine Weile träumten die Jungen von einer friedlichen Fahrt durch die Prärie.

Doch mit einem Mal brachten die Banditen Tom, Helle und Ravi unter ihrem gefürchteten Anführer Lahmer Joe den Zug zum Stoppen und raubten alle bis auf das letzte Gummibärchen aus.

»Mann, wenn man die echt zum Fahren bringen könnte!«, schwärmte Fischkopp, nachdem die Räuber abgezogen waren.

»Kohlen könnte ich ja organisieren«, meinte Latte nachdenklich. »Aber wie man die Kiste steuert, weiß ich natürlich nicht.«

»Wofür gibt's das Internet?«, fragte Anthony. »Da findet man so was bestimmt raus!«

Am nächsten Morgen schon verkündete Anthony die Sensation: Er hatte auf der Website eines Eisenbahnerclubs tatsächlich eine Anleitung zur Inbetriebnahme einer alten Dampflok gefunden! Jetzt, am Nachmittag, warteten die Legionäre gespannt auf Lattes Kohlen. Als das Knattern eines Mofas nahte, taten die Legionäre so, als seien sie gerade mitten in einem Spiel.

Fass verkniff sich seine üblichen Scherze. »Na, dann grillt mal schön!«, rief er und fuhr wieder davon.

»Los jetzt, ich kann's kaum noch aushalten«, drängelte Fischkopp.

»Sollten wir nicht erst mal warten, ob Ravi doch noch kommt?«, fragte Tom.

»Er ist jetzt über eine Stunde zu spät, da kann er sich nicht beschweren, wenn wir ohne ihn anfangen«, meinte Nick.

Die anderen waren seiner Meinung. Ihre Neugierde ließ keinen weiteren Aufschub mehr zu.

Während die Legionäre Sack um Sack die Kohlen zum Tender trugen, stellte sich Anthony ins Führerhäuschen und studierte die Beschreibung. Latte und Schreiner ölten die beweglichen Teile und füllten Wasser aus einer Regentonne in den Kessel. Erwartungsvoll hockten sich die Jungen auf die Lok.

»Uiuiui, hoffentlich geht das nicht ins Auge«, meldete sich Tarek plötzlich, als Nick ein Streichholz anriss und das Papier unter den Kohlen entzünden wollte.

»Quatsch, du Angstschisser«, sagte Nick nur.

»Halt, das Tor!«, brüllte Latte, sprang noch einmal ab und öffnete die hohen Flügeltüren.

Als das Feuer unter dem Kessel kräftig loderte, legte Anthony seine Hand auf die Bremse.

»Achtung! Der Zug fährt ab!«, rief er wie ein Schaffner.

Tom fühlte, wie sein Herz von einem Moment auf den anderen wild zu schlagen begann, so dass ihm fast schwarz vor Augen wurde. Langsam setzte sich die Maschine in Bewegung!

Zischend und dampfend ruckelte sie vorwärts, zentimeterweise zuerst, weil irgendetwas hakte. Dann quietschte es, Funken stoben, und die Lok machte einen großen Satz aus der Halle heraus.

»Bremsen!«, schrie Tom, denn die Lok nahm Fahrt auf.

»Das verdammte Ding klemmt!«, brüllte Nick gegen den Lärm an und zog aus Leibeskräften an dem Eisenstab. Auch mit Schreiner und Latte zusammen bewegte sich die Bremse kein Stück – und sie fuhren direkt auf ihr Piratenschiff zu, auf dem Maja spielte.

»Aus dem Weg!«, brüllte Tom zu ihr hinüber, aber das Mädchen schien so im Spiel versunken zu sein, dass es nichts um sich herum wahrnahm. Die Lok war nur noch wenige Meter entfernt und hoppelte ruckweise vorwärts.

Anthony sprang aus dem Führerhaus und rannte zu Maja.

»Mir wird's auch zu brenzlig!«, schrie Schreiner und machte ebenfalls einen Satz auf das Spielfeld. Nick, Tarek und Bernhard folgten und kugelten über den Rasen.

»Der Kessel!«, brüllte Helle. »Wir müssen den Druck ablassen, schnell!«

Die Sekundenbruchteile, die Tom brauchte, um an dem Strang zu ziehen und die Luft zischend entweichen zu lassen, kamen ihm wie Jahre vor.

Das Rattern der Maschinenteile erstarb, das Ruckeln wurde langsamer, die Lok blieb stehen. Fünf Meter vor ihrem Spielplatz.

»Das war knapp!«, stöhnte Anthony, die zappelnde Maja im Arm. Fischkopp und Mario im Tender waren kreidebleich.

»Saubere Arbeit, Tom!«, gratulierte auch Jürgen.

Doch Tom wehrte ab. »Wenn Helle nicht gewesen wäre, hätte es eine Katastrophe gegeben! Sie hatte die Idee mit dem Druck, ich hab sie nur ausgeführt.«

Helle nahm den Applaus still entgegen und wischte sich den Schweiß ab.

»Dann wird's ja wohl langsam Zeit, dass ihr mich zum Legionär macht, oder?«, meinte sie dann. Die Jungen lachten erleichtert. Gemeinsam gingen sie ins Hauptquartier und nahmen Helle feierlich in ihren Kreis auf. Ihr blutiger Fingerabdruck war der zwölfte an der Wand.

Elf Spieler und ein Trainer, eigentlich eine komplette Mannschaft. Aber Ravi fehlte. Und Tom machte sich langsam ernste Sorgen um ihn.

Ravi

Am Donnerstag fuhr Schreiner direkt nach der Schule zum Sägewerk, um für den Spielplatz einen Drachen aus Holz zu bauen. Als Tom kam, setzte er ihm gerade den Kopf auf.

»Tom, das ist Fauch. Fauch, das ist Tom!«, stellte Schreiner grinsend die beiden einander vor. »An seinem Kopf habe ich über eine Woche geschnitzt.«

Tom war begeistert. Der Drache wirkte richtig gefährlich. »Toll, was du alles kannst! Ich würde auch gerne solche Sachen bauen können!«, gab er offen zu.

»Kein Problem, ich bring's dir bei. Nach dem Spiel.«

Nach dem Spiel! Das klang wie eine Zeit, die niemals kommen würde.

Als um drei Uhr das Training beginnen sollte, fehlte Ravi wieder. Da er als Einziger noch zur Grundschule ging, wusste niemand, ob ihm etwas Ernstes zugestoßen war.

»Ich will jetzt endlich wissen, was da los ist!«, erklärte Tom. »Fangt schon mal ohne mich an, ich fahre zu ihm und sehe nach!«

Als er auf dem Skateboard durch die feine Wohngegend rollte, stürmten die Gedanken auf ihn ein. Ob Ravi krank war? Oder war er gar plötzlich zurück nach Indien geflogen? Ohne sich von seinen Freunden zu verabschieden?

Vor dem Klingeln holte Tom tief Luft. Die Tür wurde von einer sichtlich überforderten Studentin geöffnet, ein Baby auf dem Arm und Nethan am Hosenbein.

»Ravi ist nicht da«, antwortete sie knapp. »Mehr kann ich dir auch nicht sagen!« Genervt warf sie die Tür wieder zu. Tom setzte sich auf die Treppenstufen der Eingangstür und grübelte. Die Sache kam ihm langsam mehr als komisch vor. Wo war sein Freund? Sein Bauch sagte ihm, dass hier etwas nicht stimmte. Einem inneren Gefühl nachgebend, fühlte er mit der Hand unter dem Absatz nach Ravis Stollenschuhen. Er griff ins Leere, die Schuhe waren nicht da!

Plötzlich gab es gar keinen Zweifel mehr, wo Ravi sein konnte. Tom nahm Schwung und fuhr auf dem schnellsten Wege zum Stadion.

Was er dort sah, traf ihn wie ein Pistolenschuss ins Herz: Ravi trainierte mit Bombastis Mannschaft!

Blind vor Wut stürzte Tom aufs Spielfeld und baute sich vor Bombasti auf. Das Spiel brach ab.

»Was habt ihr ihm gezahlt, damit er zu euch kommt?«, brüllte er den Kapitän der Grimmigen an.

»Ach nee, wie süß, unsere Barbie sucht ihren Liebsten!«, höhnte Bombasti und stierte Tom überlegen an.

»Nix haben wir ihm gezahlt«, feixte Mike. »Der Inder ist von alleine gekommen. Der will endlich mit modernen Mitteln trainieren, euer Acker gefällt ihm nicht mehr!«

Tom ballte die Fäuste. »Du lügst! Ravi, sag sofort, dass das nicht wahr ist!«

Ravi senkte den Kopf. Bei seinem Anblick wurde es Tom klar: Er hatte sie verlassen!

Stockend erklärte Ravi: »Lugt nicht! Du willst Spiel gewinnen, dann Schluss. Ich will Star werden.«

»In Indien hat der täglich mit Profitrainern gearbeitet, auf ner Anlage wie dieser hier. Aber das wusstest du wohl gar nicht, Barbie«, spottete Carlos, das Stinktier. »Klar, dass euer Goldstück nicht weiter gegen Schrott auf nem Spielplatz schießen will!«

»Aber, wir Freunde!«, stammelte Ravi und legte seine Hand auf Toms Arm.

Angewidert schüttelte Tom sie ab und rannte vom Platz. Tränen stiegen in ihm auf, die bittersten Tränen seit Jahren.

Wie konnte ihn sein Freund dermaßen verraten? Ihn so auflaufen lassen? Warum hatte Ravi nicht mit ihm geredet? Noch vor drei Tagen hatten sie gemeinsam Freistöße geübt, vorgestern auf der Dampflok herumgeturnt. Er hatte geglaubt, alles sei in bester Ordnung, und doch musste Ravis Entscheidung da bereits festgestanden haben.

Mit finsterer Miene fuhr Tom zum alten Sägewerk zurück. Die Legionäre schienen schon an seinem Gesicht ablesen zu können, dass es schlechte Nachrichten gab, denn sie ließen sofort den Ball liegen und stürzten zu ihm.

»Was ist mit Ravi?«, wollte Helle wissen. »Geht's ihm gut?«

»O ja!«, brodelte es bissig aus Tom heraus. »Sogar sehr gut. Er hat jetzt endlich einen Verein gefunden, der ihm die richtigen Trainingsbedingungen bieten kann!«

»Puh!«, stöhnte Fischkopp. »Und ich dachte schon, ihm wär was passiert!«

»Kapiert doch endlich! Er spielt jetzt bei den Grimmigen!«, brüllte Tom los.

Seine Freunde starrten ihn entgeistert an. Tom erklärte ihnen, was sich im Stadion abgespielt hatte. Zunächst waren sie vor Erschütterung sprachlos.

Dann ergriff Anthony das Wort. »Ich kann ihn irgendwie verstehen …«

»Was?«, schrie Tom ihn an.

»Na ja, er hat es dir doch gesagt. Für uns ist es nur ein Spiel, eine Wette, die wir gewinnen wollen. Wenn wir verlieren, ist unser Ball weg. So wertvoll er auch ist, aber für unser weiteres Leben wird der Ausgang des Spiels keine Konsequenzen haben!«

Obwohl es um den Ball seines Vaters ging, nickte Tarek. »Stimmt! Aber für Ravi geht es um mehr. Die Grimmigen haben nun einmal andere Möglichkeiten, seine Talente weiter auszubauen.«

»Wenn er Fußballprofi werden möchte, ist er bei ihnen besser aufgehoben«, meinte auch Jürgen.

»Wir müssen es einfach akzeptieren, auch wenn's schwerfällt«, glaubte Helle. »Wenn unsere Freundschaft zu Ravi unter seiner Entscheidung leidet, hat Bombasti gewonnen!«

Aber in Tom kochte die Vulkanwut. »Wer von uns zu den Grimmigen wechselt, kann nicht mehr mein Freund sein!«, polterte er. Dann sah er Mario an, der still am Spielfeldrand saß und an einer Limoflasche nuckelte. »Und du? Kommst du immer zu spät, weil du vorher bei ihnen trainierst?«

Mario sprang auf. »Blödmann!«, schrie er und rannte weg.

»Was hat er denn?«, wunderte sich Tom.

»Er kann eben schlecht mit deiner einfühlsamen Art umgehen«, erklärte Bernhard ironisch.

»Mario, es tut mir leid!« Tom lief ihm hinterher, doch Mario war schon auf seinem Rad davongerast.

Betreten machte Tom kehrt. »Einen Schlag habe ich heute schon in die Fresse gekriegt. Noch einen will ich nicht kassieren«, verkündete er seinen Freunden. »Ich will jetzt wissen, was mit Mario los ist!«

»Ich komm mit!«, verkündete Jürgen.

»Ich auch!« Helle stand auf. »Weiß einer, wo er wohnt?«

Bernhard nickte. »Bei uns in der Nähe. Ich musste ihm mal die Hausaufgaben bringen, als er in der Schule gefehlt hat.«

»Dann los! Aber der Rest trainiert weiter!«, bestimmte Jürgen.

Latte grinste. »Das brauchste uns nicht zweimal zu sagen. Aus uns werden vielleicht niemals Profis, aber abends, wenn's dunkel wird, dann nehm ich die Pocke mit ins Bett, zum Schmusen!«

Das Haus, in dem Mario mit seinen Eltern und seinen beiden Schwestern wohnte, war ein dreckiges, altes Mietshaus direkt an einer vierspurigen Straße. Der ehemals weiße Putz war durch die Autoabgase längst dunkelgrau geworden und blätterte an vielen Stellen ab. Aus den Fenstern hingen Wäscheleinen. Die Haustür stand offen, und im Treppenhaus spielten ein paar kleine Kinder Gummitwist.

»Okay«, sagte Tom und schluckte, »wer klingelt?«

Die Jungen warfen sich vielsagende Blicke zu. Schließlich seufzte Helle.

»Warum heißt es eigentlich *Selbst ist der Mann?*«, und drückte auf den abgewetzten Klingelknopf.

Eine Weile geschah nichts. Nach dem zweiten Klingeln wurde im vierten Stock ein Fenster aufgerissen. Ein unrasierter Mann in einem Unterhemd sah hinunter.

»Wollt ihr wohl aufhören zu läuten, verdammte Blagen!«

»Entschuldigen Sie die Störung!«, rief Jürgen zurück. »Wir wollen zu Mario.«

»Mario? Der hat heute keine Besuchszeit!« Der Mann lachte, dann musste er husten. »Der soll erst mal gehorchen lernen, dann darf er auch wieder Gäste empfangen!«

Er nahm einen Schluck aus einer Bierflasche. »Ende der Vorstellung!«, brüllte er dann und schloss das Fenster.

Sprachlos blickten sich die vier Freunde an.

»Wenn ich noch jemals ein böses Wort zu Mario sage, dürft ihr mir in den Hinten treten!«, murmelte Tom und sah noch einmal nach oben. Im Fenster des Nachbarzimmers bewegte sich die Gardine. Tom war sich fast sicher, dort Marios Gesicht gesehen zu haben.

»Kein Wunder, dass er so still ist«, meinte Helle auf dem Rückweg. »Wenn sein Vater zu ihm nur halb so schlimm ist wie eben zu uns, dann wär ich auch vorsichtig!«

»Eins steht fest«, fasste Bernhard ihrer aller Gedanken zusammen. »Wir müssen Mario helfen, schließlich sind wir seine Freunde!«

»Aber zuerst muss er uns seine Sorgen anvertrauen.« Helle grübelte.

»Und ich weiß auch schon wie!«, flüsterte Tom verschwörerisch. »Jürgen muss ihn aus der Mannschaft schmeißen!«

Das Entsetzen in den Gesichtern von Helle, Jürgen und Bernhard wich, als Tom ihnen seinen Plan erklärte.

Mario

Tom war so aufgeregt, ob sein Plan klappen würde, dass er am Freitag schon eine Stunde vor Trainingsbeginn am Sägewerk war. Der beruhigende Lärm von spielenden Kindern empfing ihn, als er die Bahngleise überquerte. Seit sie die Dampflok aus dem Schuppen gefahren hatten, wurde der Spielplatz von morgens bis abends von Dutzenden Kindern besucht. Hannes, Maja und Jerome waren fast täglich da und brachten immer neue Freunde und Nachbarskinder mit.

Tom öffnete Bertas Gehege und ließ das Huhn heraus. Mittlerweile war es so zutraulich geworden, dass es abends von alleine auf seine Stange kletterte, wenn Latte in die Hände klatschte.

Dann zog er seine Farbdose aus dem Rucksack, sprühte die Umrisse eines Tors an die Backsteinmauer und spielte Kaiserschießen: Man schoss den Ball gegen die Mauer. Den abprallenden Schuss musste man dann mit nur einer Berührung direkt wieder an die Mauer befördern. Und dann wieder, so lange, bis es unmöglich wurde zu treffen. Eigentlich war es ein Spiel für zwei, bei dem man versuchte, seinen Gegner durch kunstvolle Schüsse möglichst weit von der Mauer wegzutreiben. Jetzt, wo er alleine war, erwischte sich Tom dabei, wie er mogelte und nur lahme Schüsse abgab, um sich selber nicht den nächsten Zug zu verderben. Zwar traf er auf diese Weise immer, aber das eigentlich spannende Spiel wurde schnell langweilig. Als Jerome kam und mitmachte, wurde es lustiger.

»Meinst du nicht auch, ich könnte mal richtig bei euch mitspielen?«, fragte Jerome nach einer Weile.

Tom wollte schon nicken, doch dann fiel ihm ein, dass er sich ja nicht mehr in diese Entscheidungen einmischen wollte. »Ich finde, du hast echt eine gute Schusstechnik drauf«, antwortete er Anthonys Bruder stattdessen. »Von mir aus könntest du gerne mal mitmachen – aber das hat natürlich einzig und allein unser Trainer zu bestimmen!«

Als Jerome geknickt zu Boden sah, knuffte er ihn in die Seite. »Aber ich werde bei Jürgen ein gutes Wort für dich einlegen!«

Als Jürgen auf den Platz rollte, brauchte Tom ihn gar nicht lange zu überzeugen. Ihr Trainer fand den Vorschlag seines Kapitäns gut.

»Abgemacht!«, sagte er und reichte Jerome förmlich die Hand. »Du kannst Ravis Platz in der Mannschaft einnehmen – allerdings nur so lange, bis wir einen echten Ersatz gefunden haben!«

Jerome strahlte bis über beide Ohren. »Danke!«, zischte er Tom zu.

»Ist doch selbstverständlich, bei deinen Kunstschüssen!«, gab er zurück und setzte sich zum Dauerlauf in Bewegung.

Während sich die anderen Legionäre unterhielten, behielt er die Zugangsstraße im Auge. Wie Tom es vorausgeahnt hatte, kam Mario auch heute wieder zu spät.

Unauffällig mogelte er sich beim Dauerlauf unter die Legionäre, doch Jürgen bat ihn sofort zu sich und zog ihn zur Rampe. Helle und Tom zwinkerten einander zu und rannten zu ihnen.

»Es tut mir leid, Mario, aber Kapitän und Trainer sind sich einig: Wir müssen dich aus der Mannschaft werfen!«, sagte Jürgen gerade.

Mario starrte die drei an, als sei der Blitz eingeschlagen. »Aber, das könnt ihr nicht tun …«, stammelte er und polierte seine Brillengläser.

»O doch, das können wir!«, spielte nun Tom den Bösen. »Wir haben einfach kein Vertrauen mehr in dich! Und ohne Vertrauen kann man nicht erfolgreich Fußball spielen!«

»Aber, ihr seid doch meine einzigen Freunde …!«

»Du denkst an deinen Vater, wenn du gegen den Ball trittst, stimmt's?«, fragte Helle freundlich.

Mario schniefte und nickte mit dem Kopf. »Früher war er immer so lustig. Er hat mir und meinen Schwestern jeden Abend Geschichten erzählt. Von Bohnenranken, die bis in den Himmel wachsen, und von Ländern, wo das

Gold auf der Straße liegt. Doch dann hat ihn sein Chef rausgeschmissen, und er fand keine neue Arbeit mehr. Wir mussten umziehen. Erst in eine kleinere Wohnung, und schließlich in diese Bruchbude!«

Mario zog die Nase hoch. Verschämt sah er Tom an. »Jetzt hockt er nur noch vor dem Fernseher, trinkt schon morgens Bier und terrorisiert die ganze Familie. Nichts kann ich ihm recht machen. Komme ich zu früh, brüllt er, komme ich zu spät, ist es auch nicht gut. Irgendwas findet er immer, woran er rumnörgeln kann. Manchmal schlägt er dann meine Mutter. Also versuche ich einfach, gar nicht mehr da zu sein. Ich gehe, wenn er schläft, und schleiche später in die Wohnung, wenn er sowieso nichts mehr reinkriegt.«

Helle nahm Mario in den Arm, auch sie hatte Tränen in den Augen. Tom schaute betreten zu Boden.

»Einmal habe ich ihn gefragt, ob er uns nicht wieder eine Geschichte erzählen könnte«, fuhr Mario fort. »Ich dachte, das würde ihn an früher erinnern. Aber er sagte nur, Bohnenranken, die bis in den Himmel wachsen, die gibt es nicht. Alles nur erstunken und erlogen!«

Dass Mario es mit so einem Vater überhaupt aushalten konnte! Tom zitterte vor Wut.

»Den knöpf ich mir vor!«, knurrte er und sprang mit einem Satz von der Rampe.

Jürgen hielt ihn fest. »Ruhig Blut, Tom!«

Auch Helle schüttelte den Kopf. »Damit ist niemandem geholfen. Mario nicht, seiner Mutter nicht und seinen Schwestern auch nicht. Wir müssen uns etwas anderes einfallen lassen!«

Mario schniefte: »Sonst wird alles nur noch schlimmer!«

Helle drückte ihn wieder an sich.

»Wir finden schon eine Lösung. Echte Freunde helfen einander doch!«

»Seid ihr denn noch meine Freunde?«, schluchzte Mario. »Ihr habt mich doch rausgeschmissen!«

»Natürlich spielst du weiter bei den Legionären«, winkte Jürgen ab. »Ohne dich haben wir doch keine Chance!«

»Danke!«, schniefte Mario. Er lächelte Jürgen, Tom und Helle an und lief dann rasch zum Spielfeld, um beim Dauerlauf aufzuschließen.

Die drei schnauften durch.

»Meine Güte, wenn ich gewusst hätte, dass es so schlimm ist, hätte ich das Gespräch anders begonnen«, stöhnte Jürgen.

»Sieh einfach das Gute«, meinte Helle. »Er hat uns sein Herz geöffnet. Jetzt können wir handeln. Tom, ist deine Mutter nicht Fachfrau für solche Probleme?«

»Ja, sie hat mal von einem Schläger in ihrer Behandlung erzählt. Vielleicht kann sie wirklich helfen«, meinte Tom nachdenklich.

Hannes war schon im Bett und sein Vater beim Sender, der Zeitpunkt war also goldrichtig. Tom goss sich ein Glas Apfelsaft ein und setzte sich zu seiner Mutter, die im Wohnzimmer las. Vage erzählte er ihr von dem Vater eines Freundes und dessen Problem. Seine Mutter hörte ihm ruhig zu, nickte, stellte an einigen Stellen Fragen und dachte dann einen Augenblick nach. Tom kannte seine Mutter gut und wusste, dass sie nun nach Worten suchte, um einen schwierigen Vorgang einfach zu erklären.

»Der Vater deines Freundes ist eigentlich nicht böse, sondern krank«, begann sie. »Er hat schlechte Erfahrungen gemacht und bezieht sie alleine auf seine Unfähigkeit. Jetzt hat er aufgegeben, sich um sein Glück zu kümmern. Er glaubt, dass sich die Welt gegen ihn verschworen hat.«

»Das habe ich auch manchmal, wenn der Kress mich anmeckert, obwohl es Latte war!«, meinte Tom.

»Genau, so ein Gefühl kennt jeder, aber bei den meisten verschwindet es schnell wieder«, erklärte sie weiter. »Bei dem Vater deines Freundes allerdings bleibt es, und jede kleinste Störung bringt ihn zum Ausrasten. Ein kalter Kaffee, ein zu weiches Ei, ein weinendes Kind.«

»Wenn sie krank sind, dann kann man sie doch sicher auch heilen, oder?«, fragte Tom.

»Meistens ja. Aber sie müssen die Hilfe auch annehmen, und das wollen viele Schläger nicht, weil sie in ihren Augen ja nicht krank sind, sondern alle anderen gemein. Aber auch den Betroffenen, also deinem Freund

und seiner Mutter, muss man helfen. Manchmal ändert das auch den Vater.«

Mario staunte nicht schlecht, als Tom am nächsten Morgen mit seiner Mutter vor seiner Wohnungstür stand. Er ermahnte sie, ruhig zu sein, da sein Vater noch schlief. Auch Marios Mutter wollte sie zuerst nicht hereinlassen, lud sie dann aber doch zu Kaffee und Kakao ein.

Während Tom mit Mario im Kinderzimmer Tipp-Kick spielte, drangen aus der Küche Gesprächsfetzen der beiden Mütter zu ihnen hinüber. Sie verstanden zwar nicht, worüber sie redeten, aber offensichtlich mochten sich die beiden Frauen.

Plötzlich zuckte Mario zusammen. Die Tür zum Schlafzimmer ging auf, und sein Vater trottete auf die Küche zu. Er wollte eben eintreten, doch Toms Mutter schob ihn bestimmt in den Flur zurück. Tom sah ihm an, dass er zunächst lauthals protestieren wollte, doch dann winkte er ab und verkroch sich mit einer Flasche Bier vor den Fernseher.

»Komm, wir gehen zum Training«, schlug Tom Mario vor. Sein Herz raste. »Und deine Schwestern nehmen wir auch mit!«

Eva und Anne freuten sich riesig auf den sagenhaften Abenteuerspielplatz, von dem ihnen ihr großer Bruder schon so oft erzählt hatte.

Auf dem Fußballplatz rannte Mario ausgelassen wie ein Kalb im Frühjahr umher. Ihm gelang fast alles, so dass Tom vor Erstaunen nur mit dem Kopf schütteln konnte.

Jürgen lobte ihn ein paarmal für eine besonders gelungene Abwehr. Mario war so glücklich darüber, dass er sogar vergaß, seine Brillengläser zu polieren.

Nach dem Training versammelten sie sich um Helles batteriebetriebenes Kofferradio und lauschten Jürgens Lieblingssendung, die in voller Lautstärke über den Platz dröhnte: die Konferenzschaltung aus den Bundesligastadien.

Und schon nach den ersten Minuten hatte Jerome die Idee zu einem neuen Spiel: Während sich die Stimmen der Reporter in gewohnter Manier überschlugen, spielten sie die Szenen nach. So ging für alle Legionäre ein Traum in Erfüllung. Jeder durfte einmal in seinem Leben bei Bayern spielen oder bei der Borussia, für Berlin oder Schalke. Sie waren die besten Verteidiger und die treffsichersten Torschützen.

Später, als alle Ergebnisse feststanden, mimte Jürgen den Reporter und berichtete vom Spiel Legionäre 1 gegen Legionäre 2 – jetzt waren sie selber Stars.

»Anthony tankt sich in halbrechter Position durch, müsste flanken, tut das auch, Tom steht in aussichtsreicher Position, doch das Bein von Fischkopp ist dazwischen. Sofort schaltet Schreiner auf Angriff um, der

Abwehrrecke schießt zu Helle, Helle weiter auf Nick, der einschussbereit im Sechzehner lauert, bedient abermals Jerome, den Mittelfeldmotor. Der schießt, doch der Schuss wird abgefälscht durch Mario und ... Tor, Tor, Tor! 1:0 für die Legionäre in der letzten Minute!«

Was für ein toller Tag!, dachte Tom, als er sich neben dem freudestrahlenden Torschützen ins Gras fallen ließ. Mario geht es schon viel besser, und wir sind jetzt ne echte Mannschaft! Aber Ravi fehlte – und er gehörte doch auch zu den Legionären ...

Freibad

Ausschlafen, ausschlafen, ausschlafen! Der Wecker hielt still, Hannes auch, und Toms Eltern lasen Zeitung.

Jürgen hatte sich nach den Fortschritten der vergangenen Woche von seiner gütigen Seite gezeigt und das Training erst für den Nachmittag angesetzt.

Als Tom endlich aufstand, fühlte er sich wie neugeboren. Noch im Schlafanzug setzte er sich an seinen Schreibtisch und machte die Hausaufgaben für die komplette Woche. In ein leeres Heft, das er in der Schublade unter zwei Tafeln Schokolade fand, trug er in Schönschrift die aktuellen Bundesligaergebnisse und die neue Tabelle ein.

Dann zog er sich an, goss sich in der Küche ein Glas Orangensaft ein und öffnete die Terrassentür. Eine Überraschung erwartete ihn: Obwohl es schon Anfang September war, schien sich der Sommer noch einmal gegen den Herbst aufzubäumen. Draußen waren mindestens 30 Grad.

Das Telefon klingelte. Als er antwortete, machte sein Herz einen kleinen Hüpfer. Es war Helle. Sie ruft an, um mich zu einem Eis einzuladen, wünschte sich Tom. Sofort war ihm der Gedanke peinlich. Schließlich hatte er noch vor kurzem geschworen, Mädchen seien das Allerletzte.

»Na, Tom, schläfst du noch?«, tönte es aus dem Hörer.

Tom wurde aus seinen Gedanken gerissen. »Was?«

»Na, ob du noch schläfst! Ich rede mir den Mund fusselig, und du gibst keinen Piep von dir!«

»Oh, ich … was hast du gesagt?«

»Also: Jürgen meint, wir sollten uns eine Pause gönnen. Deshalb treffen wir uns heute nicht am Sägewerk, sondern um drei Uhr im Freibad. Sag bitte noch Fischkopp und Latte Bescheid. Und … tschüs, dann!«

»Tschüs, dann!«, stammelte auch Tom.

Hinter den Umkleidekabinen warteten schon alle Legionäre auf Tom. Erstaunt bemerkte er, dass auch Jürgen nur eine Badehose anhatte. Zum ersten Mal sah er seine Beine, die durch die fehlende Bewegung ganz dünn waren.

Jürgen ignorierte die Blicke, offenbar war er sie gewöhnt.

»Los, Jungs!«, rief er fröhlich. »Vergesst Fußball!«

Kraftvoll stieß er seine Räder an und rollte auf den Betonweg zwischen den Wiesen.

Plötzlich vernahm Tom hinter sich eine schneidende Stimme: »Dieser Inder scheint aber nicht dabei zu sein.«

Mike, der Muskel! Tom drehte sich blitzschnell um.

Die Grimmigen hatten offensichtlich dieselbe Idee gehabt wie Jürgen. Sie lagen rund um Bombasti auf ihren Badematten und grinsten sie an.

»Wo ist denn der Inder?«, rief ihm Carlos spöttisch zu. »Spielt der nicht mehr bei euch mit?«

Tom ballte die Fäuste.

»Lass sie doch endlich in Frieden, Mike«, mischte sich Big Ben, der Torwart, da ein. »Sie sind bald unsere Gegner in einem Spiel und verdienen unseren Respekt!«

Bombasti lachte hysterisch auf. »Respekt? Die spielen doch sogar mit Mädchen!« Er sah Jürgen an. »Und mit Krüppeln!«

Das war zu viel. Tom setzte zum Sprung an. Er würde Bombasti vor den Augen seines Gefolges fertigmachen! Doch Jürgen hielt ihn zurück, ruhig wie immer. »Wie wär's mit einem Wettschwimmen, Bombasti. Gegen einen Krüppel wirst du doch sicherlich gewinnen, oder?«

Der Wortführer der Grimmigen nahm seine Sonnenbrille ab. »Nee, lass mal. Nachher kriegst du noch 'n Herzkasper oder so, und ich bin schuld!«

Er versuchte zu lachen, doch seine Kumpane schwiegen.

»Hast du etwa Schiss zu verlieren?«, hakte Big Ben nach.

»Tssö, ich und Schiss! Das glaubst du doch selber nicht!«, brüllte Bombasti.

»Dann zeig doch, was du draufhast, großer Meister!«,

forderte Tom ruhig. Wenn er eines gelernt hatte in den vergangenen Wochen, dann das: Jürgen war kein Großmaul. Wenn er einen Wettkampf anbot, würde er ihn auch bestehen können.

Als das Gemurmel unter den Grimmigen immer lauter wurde, musste Bombasti die Wette schließlich annehmen. An den Startblöcken glitten beide Jungen ins kalte Wasser.

Latte pfiff durch die Zähne, das war das Startsignal.

Bombasti stieß sich mit beiden Beinen vom Beckenrand ab und hatte durch diesen Vorteil sofort zwei Körperlängen Vorsprung. Doch schon in der Mitte der Bahn hatte ihn Jürgen eingeholt. Als wolle er ihn entmutigen, schwamm er einen Moment lang in Augenhöhe mit ihm, zog dann aber mit kräftigen Zügen vorbei. Mit mindestens zehn Metern Vorsprung schlug Jürgen an. Ohne sich umzudrehen, zog er sich aus dem Becken, hievte sich in den Rollstuhl und löste die Bremsen.

»Kommt, wir legen uns dahinten hin!«, schlug er vor und fuhr los.

Jetzt erst trauten sich die Legionäre zu klatschen. Auch einige der Grimmigen nickten anerkennend mit den Köpfen. Big Ben klopfte Jürgen sogar auf die Schulter.

Als er sich noch einmal umdrehte, sah Tom, wie Bombasti mit rasselndem Atem aus dem Becken stieg, seine Tasche packte und wütend das Freibad verließ. Nicht einmal Mike und Carlos folgten ihm. Sie drehten ihr Radio auf und hörten Musik.

Im kühlen, bombastifreien Wasser war es herrlich, fand Tom. Und Jürgen genoss es sichtlich, uneingeschränkt mit seinen Freunden toben und spielen zu können. Im Wasser bewegte er sich genauso flink wie alle anderen.

Plötzlich spürte Tom Blicke in seinem Nacken. Er drehte sich um. Am Beckenrand saß Ravi und schaute den Legionären zu. Toms Magen zog sich unwillkürlich zusammen. Dann aber fasste er sich ein Herz und schwamm zu ihm.

»Hast du Lust, mit uns Wasserball zu spielen?«, fragte er.

Ravi sah ihn erstaunt an.

»Tom no böse auf Ravi?«

»Doch«, antwortete Tom ehrlich. »Aber mein Freund bleibst du trotzdem!«

Als Ravi ins Wasser kam, umringten ihn die Legionäre und freuten sich, ihn wiederzusehen. Unbeobachtet drückte Helle Tom einen Kuss auf die Wange.

»Ich bin stolz auf dich!«, flüsterte sie und schwamm zurück zu den anderen.

Wie sehr es sich doch lohnt, wenn man über seinen Schatten springt, jubilierte Tom innerlich.

Zum großen Erstaunen aller war Ravi mit den Händen nicht halb so geschickt am Ball wie mit den Füßen.

Trotzdem war es toll, ihn dabeizuhaben – wenn auch nur leihweise.

Tom saß beim Abendbrot mit seinen Eltern, als es an der Türklingel Sturm läutete.

»Kann nur für dich sein«, knurrte sein Vater.

Also erhob sich Tom und stapfte los. Seine Müdigkeit verflog sofort, als er Latte vor der Tür stehen sah.

»Berta ist weg!«, keuchte er völlig aufgelöst.

»Was?«

»Ja, weg! Mir war eingefallen, dass sie heute ja noch gar kein Futter bekommen hat, also bin ich raus zum Sägewerk.«

»Vielleicht ist sie ausgebüxt und sitzt irgendwo im Gebüsch!«, versuchte Tom, ihn zu beruhigen.

»Unmöglich! Die Tür wurde aufgebrochen, jemand hat sie entführt!«

Ohne an die Folgen zu denken, warf Tom die Tür hinter sich zu.

»Los, wir alarmieren die anderen. Wer noch Ausgang hat, soll mitkommen. Treffpunkt ist bei Nick und Tarek!«

Schon 20 Minuten später trafen die beiden Jungen mit Fischkopp und Helle vor dem Haus der Zwillinge ein. Fischkopp warf Kiesel ans Fenster der Jungen. Ein Gesicht erschien hinter der Scheibe, kurz darauf standen Nick und Tarek mit Taschenlampen im Garten.

»Mann, habt ihr mich erschreckt!«, beschwerte sich Tarek. »Ich lese gerade *Der Würger aus dem Teufelsmoor!*«

»Vergiss den Würger«, zischte Tom. »Wo können wir uns in Ruhe unterhalten?«

Nick öffnete die Tür zum Gartenhäuschen und leuchtete mit der Lampe hinein. Zwischen Harken und Rasenmäher hockten sie sich auf eine Eckbank und hielten Kriegsrat.

»Wir gehen zu Bombasti und fordern die Herausgabe Bertas. Geht er darauf nicht ein, schlitzen wir die Reifen seines Mountainbikes auf«, ereiferte sich Latte.

»Das tun wir auf keinen Fall!«, sagte Helle. »Wir haben ja noch nicht einmal Beweise, dass es Bombasti war.«

»Außerdem stehen wir da wie die Deppen!«, meinte Tom. »Lassen uns unser Maskottchen klauen!«

»Tom hat recht, wir müssen Berta zurückholen«, stimmte Tarek zu. »Bleibt nur ein Problem: Wir wissen nicht, wo Bombasti sie gefangen hält!«

Tom raufte sich die Haare. »Ich werd noch verrückt! Habt ihr nicht einen Ball da?«

Nick klappte das Polster der Eckbank hoch und förderte einen Plastikball mit Donald-Duck-Aufdruck zutage. »Das ist alles, was ich dir anbieten kann!«

Tom nahm ihn mit kritischem Blick entgegen. »Das ist kein Ball, das ist eine Krankheit. Aber ohne Pocke am Fuß kann ich …«

»… einfach nicht nachdenken!«, ergänzten seine Freunde lachend.

Der Zenturio stellte eine Harke und einen Laubrechen in eine andere Ecke und begann, den Kinderball auf der Fußspitze zu balancieren. Dabei murmelte er vor sich hin.

Plötzlich gab er dem Ball einen zu heftigen Tritt. Er knallte gegen die Deckenlampe. Das gelbliche Glas rutschte aus der Halterung und zersplitterte auf dem Boden der Hütte.

»In Deckung!«, zischte Tarek.

Sie duckten sich, so tief sie konnten.

Die Terrassentür wurde geöffnet. Die Außenbeleuchtung tauchte den Garten in grelles Licht, und die Mutter der Zwillinge steckte ihren Kopf in den Garten.

»Nick? Tarek? Seid ihr das?«

Nick stieß Tom den Ellenbogen in die Rippen.

»Wenn du jetzt *Miau*! rufst, bring ich dich um!«

Helle kicherte. »Quatsch, du musst schlafwandeln. Klappt im Kino immer!«

»Da sind die Eltern ja auch immer strohdoof. Was auf meine Mutter nicht zutrifft!«, wisperte Nick.

»Ich sage ihr einfach die Wahrheit. Wir haben doch nichts Schlimmes gemacht!«, flüsterte Tarek.

»Ihr nicht!«, nölte Fischkopp. »Aber ich bin heimlich von zu Hause abgehauen. Wenn meine Eltern das erfahren, kann ich mich das Spiel am Samstag in die Haare schmieren!«

Auf dem Weg klapperten Holzschuhe. Ihre Mutter hatte sich offenbar entschlossen, der Sache auf den Grund zu gehen.

»Hören Sie!«, rief sie zur Hütte hinüber. »Wer immer Sie sind, kommen Sie raus! Ich habe hier einen scharfen Hund bei mir!«

Die Legionäre sahen sich fragend an.

Tarek seufzte. »Im Krieg stirbt die Wahrheit immer zuerst!«

Er öffnete die Tür und ging mit erhobenen Händen hinaus. »Sie können den Hund wieder einsperren!«, rief er grinsend seiner Mutter zu. »Wie heißt er denn eigentlich? Fifi oder Harras?«

Beim Hinausgehen gab er der Tür einen leichten Tritt, so dass sie zufiel. Keiner wagte es, sich zu rühren. Aus dem Garten konnte Tom ein erleichtertes Lachen hören.

»Ich hab nur meine Taschenlampe gesucht!«, bluffte Tarek. »Die hab ich vorhin da drin vergessen.«

Tarek wurde von seiner Mutter für seine Gewissenhaftigkeit gelobt. »Aber jetzt geht's wieder ab ins Bett«, fügte sie hinzu. »Und sei leise, damit du deinen Bruder nicht weckst!«

»Keine Sorge!«, zischte Nick in der Hütte belustigt. »Der schläft tief und fest!«

Fischkopp kicherte leise.

Als die Terrassentür wieder zuklappte und die Außenbeleuchtung gelöscht wurde, atmeten die Legionäre auf.

»Puh, das war knapp!«, stöhnte Latte leise.

Helle lachte. »Dafür verdient Tarek den Tapferkeitsorden der Legionäre!«

»Nick, deine Mutter hat mich da auf eine Idee gebracht!«, flüsterte Fischkopp. »Wir machen es wie echte Detektive und legen uns auf die Lauer. Irgendwann wird sich Bombasti verraten. Und dann schlagen wir zu!«

Helle schlug Fischkopp auf die Schulter. »Bravo! Genau so machen wir's!«

»Ich kann Funkgeräte organisieren!«, fiel Latte ein.

Fieberhaft überlegten sich die fünf Freunde den Ablauf ihrer Aktion. Als sie sich wenig später aus der Hütte schlichen, war Tom sich sicher, dass sie Berta so gut wie zurückerobert hatten.

Detektive

Trotz einer mächtigen Standpauke seiner Eltern wegen des späten Ausflugs schaffte es Tom, sie von der Dringlichkeit zu überzeugen, am Montag nach der Schule nicht nach Hause zu kommen.

In zwei Gruppen streiften sie durch das Villenviertel, in dem Bombasti wohnte. Jürgen wusste, dass der Grimmige heute lange Unterricht hatte. So konnten sie in aller Ruhe ihre Beobachtungsposten beziehen. Fischkopp, Latte und Bernhard hockten an der Straßenecke im Gebüsch, um über Funk vorzuwarnen, wenn Bombasti kam. Die Zwillinge waren auf einen Baum gestiegen und beobachteten das Haus mit einem Fernrohr. Helle ging, um keine Aufmerksamkeit zu erregen, mit ihrem Dackel Erzherzog Johann den Bürgersteig auf und ab. Tom begleitete sie.

»Zeit, das Funkgerät zu prüfen«, dachte er.

»Ach, Fischkopp, übrigens: Herzlichen Glückwunsch!«, sprach er in den Apparat. »Ich hab den ollen Kress noch nie so verdutzt gesehen wie heute Morgen!«

»Danke!«, klang es stolz zurück. »Ich freu mir auch wie ein Schneekönig am Nordpol!«

»Hab ich da was verpasst?«, hakte Helle nach.

»Und ob! Fischkopp ist freiwillig an die Tafel gegangen und hat drei Rechenaufgaben gelöst, ohne mit der Wimper zu zucken. Dem Kress sind fast die Augen aus dem Kopf gefallen!«

Er wurde wieder ernst. »Hoffentlich ist Berta nicht als Sonntagsbraten geendet!«

»Quatsch!«, meinte Helle. »Dazu ist selbst dieses Ekelpaket nicht in der Lage!«

Bombasti ließ sich Zeit. Wieder und wieder spazierten die beiden die Straße hinauf und herunter.

Sie redeten über Fußball. Helle kannte sich wirklich hervorragend aus, und Tom genoss es, an ihrer Seite zu gehen. Fast war er ein bisschen traurig, als aus dem Funkgerät das verabredete Signal kam: »Hühnerhabicht im Anflug!«

Sofort sprangen Tom und Helle hinter einen Baum.

Tom beobachtete, wie Bombasti auf seinem Mountainbike in vollem Tempo auf das vergitterte Tor zufuhr, welches das Grundstück gegen unerwünschte Besucher abriegelte. Er drückte auf eine Fernbedienung, die um seinen Hals hing, das Tor schwang auf, und Bombasti war verschwunden. Helle und Tom rannten ihm sofort hinterher und lugten durch die Gitterstäbe.

»Haben Hühnerhabicht im Visier!«, krächzte es aus dem Funkgerät. Nick im Baum hob den Daumen.

»Achtung, er kommt zurück!«, fügte Tarek hinzu.

Tom beobachtete, wie Bombasti mit einer Schale über den Hof ging. Konzentriert schaute er auf die Körner darin – und geriet plötzlich ins Stolpern.

»Mann, der ist sogar zu blöde, um geradeaus zu laufen!«, flüsterte Tom kichernd ins Funkgerät. »Fällt über einen Kanaldeckel!«

Unterdrücktes, prustendes Lachen kam zur Antwort.

»Haben Hühnerhabicht verloren!«, knarzte es dann.

»Aber wir haben ihn!«, sprach Helle in die Muschel. »Er ist im Geräteschuppen und kommt ohne Schüssel wieder zurück!«

»Bingo!«, meldete sich nun Latte. »Da ist Berta!«

»Leider sind aber überall Alarmanlagen«, berichtete Tom und starrte auf die roten Lämpchen am Tor.

Zunächst drang nur Geraschel zu ihnen hinüber, offenbar balgten sich Fischkopp, Latte und Bernhard um das Funkgerät.

Dann meldete sich Fischkopp zu Wort.

»Können die Aktion Hühnerhabicht abblasen. Fischreiher hat bereits einen Plan!« Er lachte. »Lagebesprechung nach dem Training. Bis dahin müsst ihr mir entschuldigen. Over!«

Tom und Helle sahen sich an. »Was für eine wilde Idee er wohl jetzt schon wieder hat?«

Ausgerechnet heute, wo Tom über Fischkopps unbekannten Plan nachgrübelte, legte Jürgen eine wichtige Taktikbesprechung ein.

Es fiel ihm schwer, sich auf Jürgens Worte zu konzentrieren.

»Die Grimmigen sind größer als wir«, begann der Trainer harmlos. »Lange, hohe Flanken in den Strafraum will ich deshalb nur im Ausnahmefall sehen, als besondere Überraschung. Viel kniffliger ist für eine Abwehr das Kurzpassspiel, das wir ja schon seit einigen Tagen trainieren. Merkt euch: Der tödliche Pass wird mittlerweile fast immer flach und aus kurzer Entfernung gespielt!«

Haarklein erläuterte Jürgen, was er von den Stürmern erwartete. Die Jungen sollten den Ball auf engstem Raum laufen lassen, möglichst ohne ihn zu stoppen. So sollten sie den Goldenen Jahrgang schwindelig machen und ihm die Lust am Spiel nehmen.

Auch für die Verteidiger hatte Jürgen einen Ratschlag: »Es nützt nichts, wenn ein Abwehrspieler alle Zweikämpfe gewinnt, dann aber nicht in der Lage ist, den Ball weiterzuspielen. Schreiner, Mario, Anthony und Fischkopp, ihr müsst da genauso trickreich sein wie das Mittelfeld und die Stürmer! Und geht nach vorne. Schießt Tore. So verwirrt ihr den Gegner. Keiner weiß, wen er dann eigentlich decken soll. In der Zwischenzeit übernehmen andere das Verteidigen!«

»Verstehe ich das richtig?«, meldete sich Mario zu Wort. »Die Stürmer sollen verteidigen und die Verteidiger stürmen?«

Jürgen lächelte ihn breit an. »Genau das ist der Plan, Mario! So seid ihr unberechenbar. Die Grimmigen bleiben streng auf ihren Positionen, wie ich beobachtet habe. Wenn Schreiner links nach vorne stürmt, wird ihm keiner folgen. So reißt er große Lücken ins Mittelfeld, die Helle, Jerome und Berni nutzen können!«

Anthony nickte. »Quer übers Spielfeld und dann fix zurück? Wird gemacht, Trainer!«

Mit den neuen Anweisungen im Kopf legten die Spieler los. Nicht alles klappte auf Anhieb, aber meist fanden sie schnell heraus, wie es anders besser funktionierte.

Jürgen half ihnen, damit auf dem Fußballplatz kein Durcheinander entstand, sondern ein durchdachtes Spiel. Wie ein Dirigent stimmte er die einzelnen Spieler aufeinander ab, bis sie harmonierten.

Nach einem harten, aber guten Training versammelten sich die Legionäre müde und glücklich über ihre schrittweisen Erfolge zu einer Geheimbesprechung in ihrem Hauptquartier.

Jetzt endlich werden wir Fischkopps Plan erfahren, schoss es Tom durch den Kopf. Bestimmt wird es etwas Verrücktes, aber Geniales sein!

Als sie auf Sesseln und dem Sofa Platz genommen hatten, zog Fischkopp tatsächlich gleich einen zerknitterten Plan aus der Tasche und breitete ihn aus. Er sah aus wie eine Art Straßenkarte.

»Der ist aber nicht die Peripherie unserer Stadt!«, bemerkte Bernhard, der sich wegen des Zeitungaustragens bestens auskannte.

»Doch! Nur nicht überirdisch! Das ist unser Kanalisationsnetz, hab ich von meinem Alten ausgeborgt. Für irgendwas muss es ja gut sein, wenn er täglich da drin rumkrabbelt.«

Sie warteten auf weitere Erklärungen von Fischkopp, doch der glaubte offensichtlich, jeder müsse verstehen, was er ausgeheckt hatte.

Schließlich hielt Tom es nicht mehr aus. »Und? Wie hilft uns das bei Berta weiter?«

»So kommen wir ungesehen und bequem bis auf Bombastis Grundstück. Du hast doch über Funk gesagt, dass da ein Kanaldeckel ist. So kam ich auf die Idee.« Fischkopp zeigte mit dem Finger auf ein rotes Kreuz auf dem Plan.

»Da steigen wir hoch. Noch Fragen?«

Erstauntes Schweigen herrschte.

Dann schlug ihm Tom anerkennend auf die Schulter. »Mann, Fischkopp, du bist ne echte Leuchte! So machen wir's!«

Latte nickte. »Morgen Nacht rücken wir aus, wenn Bombasti in seinem Heiabettchen liegt. Der wird Augen machen!«

»Ihr solltet allerdings Gummistiefel mitnehmen. Und Wäscheklammern, für empfindliche Nasen!«, räumte Fischkopp ein.

Sie beschlossen, dass Tom, Latte, Fischkopp und Helle das Befreiungskommando für Berta bilden sollten. Damit wollte Tom die Sitzung schließen, als Anthony ihn unterbrach: »Einen Moment noch!«, sagte er mit fester Stimme. »Bei allem Hühnerfieber sollten wir nicht vergessen, dass wir am Samstag ein Spiel haben.«

»Richtig. Das sind noch fünf Tage, Leute!!«, meinte auch Tarek.

»Wir haben noch keine Trikots! Oder wollt ihr in euren Schlafanzügen auf den Platz laufen?«, fuhr Anthony fort.

»Wir können ja wieder rote T-Shirts anziehen, wie beim Spiel gegen die Weißgrünen«, meinte Nick. »Allerdings sah das ziemlich arm aus, jeder in 'nem anderen Rot und ganz ohne Nummer«, führte Tarek den Gedanken seines Bruders zu Ende.

Bernhard sprang auf. »Das übernehme ich! In der Fabrik kommt meine Mutter billig an T-Shirts. Und Farbe besorge ich in der Stadt. Damit malen wir unsere Namen und die Nummern auf den Stoff!«

Eine zweite Gruppe wurde zusammengestellt, die die T-Shirts in Trikots verwandeln sollte, die den Legionären angemessen waren. Es schnellten so viele Finger in die Höhe, dass Tom vor Stolz fast platzte.

Wenige Minuten später hatte sich das Hauptquartier geleert, und Tom saß alleine auf dem Sofa. Er holte den Ball aus der Truhe und ließ ihn langsam durch seine

Hände gleiten. Ob die Nationalspieler auch gemeinsam solche Probleme zu lösen hatten? Natürlich mussten sie keine Trikots bemalen oder Hühner befreien, aber irgendetwas musste sie ja zusammenschweißen. Vielleicht das Ziel, einen WM-Titel zu holen?

Befreiung

»Wie geht es mit Marios Familie?«, fragte Tom am nächsten Tag beim Nachtisch.

»Ja, wie geht es ihnen?«, wiederholte Hannes, doch seine Mutter schickte ihn aus der Küche.

»Marios Mutter ist eine ganz tolle Frau, finde ich, die in der letzten Zeit viel mitgemacht hat«, erklärte sie. »Ich glaube, wir sind dabei, Freundinnen zu werden.«

»Und sein Vater?« Tom schob sich grübelnd den letzten Löffel Pudding in den Mund.

»Marios Mutter hat ihm ein paarmal passende Antworten gegeben, wenn er sich wieder aufgeregt hat. Außerdem hat sie ihm verboten, im Haus Alkohol zu trinken. Und das Beste: Er hat zugestimmt, eine Therapie zu beginnen.«

»Das ist ja echt 'n Ding. Du heilst Marios Vater!«, rief Tom begeistert.

Seine Mutter schüttelte den Kopf. »Nein, ich habe ihn an eine Kollegin vermittelt. Wenn seine Frau meine Freundin ist, kann ich nicht mit ihm arbeiten.«

Wer Marios Vater heilte, war Tom im Grunde genommen egal. Hauptsache, Mario und seiner Familie ging es bald besser.

Unterwegs zum Sägewerk holte er sich ein Eis. Als er bezahlen wollte, schüttelte Dino den Kopf.

»Für große Fußballer gratis!« Er hob den Daumen. »Viel Glück am Samstag!«

Tom konnte es nicht glauben. Das Spiel schien sich in der Stadt herumzusprechen!

Dasselbe berichtete auch Bernhard, der ihm in der Fußgängerzone über den Weg lief.

»Hab gerade die Stofffarbe gekauft. Die Verkäuferin erzählte, dass sie gestern auf unserem Abenteuerspielplatz war, um ihre Tochter abzuholen. Sie will unbedingt mit ihrem Mann zum Spiel kommen.«

Tief in Gedanken fuhren sie zum Sägewerk. Auf der Laderampe saß jemand.

»Ravi, was machst du denn hier?«, rief Tom verwundert.

Ravi zuckte verschämt die Schultern. »Hab ich gemerkt, Freunde wichtiger als große Stadion!«

Tom fiel ihm um den Hals. »Mensch, Ravi, ist das schön, dass du wieder da bist!«

»Grimm habe good Platz, aber keine Herz!«, sagte Ravi und lächelte Tom ins Gesicht.

Die nach und nach eintreffenden Legionäre begrüßten ihn herzlich. Nur Jerome heulte.

»Und was wird jetzt aus mir?«, schniefte er.

Jürgen versuchte, ihn zu trösten. »Du bist unser Joker. Weißt du, was das ist?«

Jerome schüttelte den Kopf.

»Das sind die Auswechselspieler, die alle überraschen!«, erklärte ihm Jürgen freundlich.

Damit schien Jerome zufrieden zu sein, zumal er beim Training weiterhin mitmachen durfte.

Ravi fügte sich in ihr Spiel ein, als wäre er nie weg gewesen. Er dribbelte und flankte den Ball, dass den Legionären vor Staunen der Mund offen stehen blieb. Auch Jürgen schnalzte von Zeit zu Zeit verzückt mit der Zunge. In einer kurzen Pause nahm er ihn zur Seite.

Tom hörte, wie Jürgen Ravi ganz auf die Figur des Spielmachers einschwor.

»Mittelfeldmotor ist eigentlich ein besserer Begriff, denn du dirigierst das Spiel und treibst es an. Deswegen musst du trotzdem volle Kraft geben, genau wie alle anderen. Wer nicht in Zweikämpfe geht, ist kein Spielmacher, sondern ein Spielkaputtmacher!«, philosophierte Jürgen. »Wir spielen brutal gegen den Ball!«

Ravi nickte. Was er dann auf dem Platz zeigte, bewies, dass er verstanden hatte.

Als die Kirchturmglocke siebenmal schlug, fuhren die meisten Legionäre nach Hause. Bernhard, Schreiner und Mario blieben noch, um die Trikots zu bemalen.

Kurz vor Mitternacht stand Tom auf dem Gelände des Sägewerks und bewunderte 13 knallrote T-Shirts, die im Licht der Mondsichel auf einer Wäscheleine aufgereiht hingen.

Helle und Latte tauchten wenig später auf, doch von Fischkopp fehlte jede Spur.

»Vielleicht hat er doch Schiss!«, vermutete Latte.

Helle blickte zum wolkenverhangenen Himmel.

»Ist ja auch irgendwie geisterhaft …!«

Tom wollte die Aktion gerade verschieben, da knirschte es erneut auf dem Weg.

»Tut mir leid!«, entschuldigte sich Fischkopp keuchend. »Aber ausgerechnet heute mussten meine Eltern den Spätkrimi sehen. Da konnte ich nicht eher weg!«

Er zog den Plan aus der Tasche und suchte nach einem Einstieg auf dem Gelände. Schnell wurde er fündig. Mit vereinten Kräften hievten sie ihn an einem Eisenhaken zur Seite. Ein Schacht erschien, dunkel wie der Schlund eines riesigen Raubtiers.

»Da sollen wir wirklich runter?«, fragte Latte.

Statt einer Antwort knipste Fischkopp seine Taschenlampe an, die er wie ein Höhlenforscher an einem Helm auf dem Kopf trug, und stieg hinab. Tom folgte ihm.

Ihn fröstelte. Es war stockdunkel hier, und unter sich hörte er nur die knatschenden Geräusche von Fischkopps Gummistiefeln auf dem feuchten Beton. Schritt für Schritt hangelte er sich in die Tiefe. Modriger Geruch stieg ihm in die Nase. Als auch Helle und Latte angekommen waren, machte Fischkopp eine einladende Handbewegung.

»Willkommen in der Unterwelt! Eigentlich braucht man hier ein Gaswarngerät, damit man weiß, wann die Luft zu dünn wird. Aber wir werden schon Glück haben!«

Tom schluckte. Bisher hatte er als einzige Schwierigkeit den Einstieg in die Villa auf der Rechnung, aber keine Probleme wie Erstickungstod.

Er blickte sich um. Viel konnte er nicht sehen. Sie standen in einer etwa drei Meter hohen Röhre. Zwischen ihren Füßen wand sich ein dünnes Rinnsal.

»Jetzt im Sommer führt der Kanal nur sehr wenig Wasser«, erklärte Fischkopp, »da kein Regen durch die Gulligitter hineingespült wird.«

Der Nachteil war allerdings, dass die Abwässer nun beinahe unverdünnt zum Klärwerk flossen.

»Ich halt's nicht aus!«, stöhnte Tom schon nach ein paar Minuten. »Der Gestank zieht mir fast die Schuhe aus.«

»Und alles wegen Bombasti, dem feigen Hühnerdieb«, knurrte Latte und zog seinen Fuß schmatzend aus dem Schlamm.

An einem Abzweig blieb Fischkopp plötzlich stehen.

»Pssst, seid mal still, ich muss mir konzentrieren!«, kommandierte er und schaute auf seinen Plan. Sofort herrschte tiefstes Schweigen. Keiner hatte Lust, länger als nötig hierzubleiben, weil sie sich vielleicht gerade verliefen.

»Wir müssen da lang. Glaub ich …!«, meinte Fischkopp schließlich.

»Mir wäre es lieb, wenn du nicht glauben würdest, sondern wüsstest!«, murmelte Tom, trottete aber dann hinter ihm her in eine Röhre, die nur halb so hoch war wie der Hauptfluss. Bis auf Fischkopp mussten alle den Kopf einziehen.

Plötzlich dröhnte ein Kreischen durch die Röhre. Gespenstisch hallte es von den Wänden zurück. Tom zuckte zusammen.

Fischkopp lachte. »Keine Sorge, Leute. Nur ein kleiner Streit unter Ratten!«

»Mann, Fischkopp, du bist mir einer!«, staunte Latte. »Tust immer so, als würdest du dir bei jedem Schmetterling in die Hose machen, und dann bist du ein echter Ekeltier-Experte!«

»Na ja, mein Vater hat mich schon öfter mitgenommen. Heimlich natürlich!«, gab Fischkopp zu.

»Hat er dir auch gesagt, wie wir hier weiterkommen?« Helle stoppte vor einem Gitter, das mit einem großen Schloss verriegelt war.

»Mist! Das muss neu sein, das ist nicht eingezeichnet!«, stöhnte Fischkopp.

Latte warf sich gegen das Gitter, doch es bewegte sich keinen Millimeter.

»Du stehst übrigens neben dem Abfluss eines Hauses!«, warnte ihn Fischkopp.

Es gurgelte. Latte konnte gerade noch zur Seite springen, bevor eine Ladung daraus hervorbrodelte. »Pfui Deibel! Das war knapp!«

»Meine Herrschaften, darf ich bitten!«, sagte Tom und stieß das Gitter auf. Helle, Fischkopp und Latte fuhren überrascht herum.

»Ich hab ja schließlich nicht nur einen Dietrich in der Tasche, wenn wir auf Diebestour gehen!«, sagte Tom und grinste breit.

Erleichtert schritten sie weiter. Doch das Wasser stieg ständig, und nun mussten sie doch durch die ekelhafte Pampe waten. Sie passten höllisch auf, um nicht auszugleiten und hinzufallen.

An einer Kreuzung hüpfte eine Ratte schimpfend vor ihnen davon, zwei weitere folgten.

Latte fluchte leise, doch Fischkopp hielt sich den Finger an die Lippen.

»Ruhe, wir sind da!«

Er tippte an die rostigen Stufen einer Trittleiter, die steil nach oben führte. Jetzt musste jeder Handgriff sitzen, wenn sie nicht die halbe Nachbarschaft wecken wollten.

Latte stieg als Erster nach oben und drückte mit seinen Schultern den Abflussdeckel in die Höhe. Kratzend schob er das Eisengitter über das Kopfsteinpflaster des

Innenhofs. Mit erhobenem Daumen gab er Meldung nach unten.

»Die Luft ist rein!«, zischte er.

Das Herz drohte Tom aus der Brust zu springen. Er fühlte, wie die Adern an seinen Schläfen zuckten. Das hier war kein Kleine-Jungenstreich, sondern Einbruch. Wenn sie erwischt wurden, gab es einen Riesenärger, das war klar!

Als sie im Hof standen, spürte Tom das Unheil förmlich. Und dann hörte er es – das Knurren eines Hundes! Der Lautstärke nach musste er groß sein wie ein Möbelwagen!

Mit gewaltigen Sprüngen schoss er aus der Dunkelheit auf sie zu. Tom wollte wegrennen, doch seine Beine verweigerten ihm den Dienst. Wie angewurzelt wartete er auf den Biss.

»Tarzan, hierher!«, flüsterte da Helle.

Sofort erstarb das Knurren und wich einem freudigen Winseln. Die Bulldogge schien Helle zu kennen. Und die Wurst, die sie ihr vor die Schnauze hielt, ließ sie sich gerne schmecken.

»Doktor Helles Notfallkoffer!«, flüsterte sie.

Tom atmete auf. »Mann, Helle, du bist echt unglaublich!«

Latte hielt es nicht mehr auf dem Hofplatz. Während Tom und Helle bei Tarzan blieben, schlichen er und Fischkopp vorsichtig auf die Hütte zu und verschwanden darin.

Bald hörte Tom ein leises Gackern.

»Berta!«, wisperte er glücklich und drückte Helles Hand ganz fest.

Latte kam mit dem Huhn unterm Arm aus der Hütte. Fischkopp folgte, doch beim Hinausgehen warf er eine Harke um. Ihr Stiel fiel gegen den Zaun. Sofort schnarrte mit ohrenbetäubendem Lärm die Alarmanlage los.

»Los, weg hier!«, rief Fischkopp hektisch.

Im Haus gingen die ersten Lichter an.

Latte, mit Berta unter der Jacke, stieg zuerst in die Tiefe. Helle und Fischkopp folgten, Tom zog den Deckel zu.

»Mich nach!«, flüsterte Fischkopp aufgeregt und rannte los.

Ohne auf den Plan zu sehen, flitzten die vier Legionäre durch das unterirdische Labyrinth.

Als sie anhielten, um zu Atem zu kommen, hörten sie über sich Polizeiautos hinwegsausen. Danach war alles ruhig.

»Hier gehen wir raus«, bestimmte Fischkopp. »Wir sind jetzt weit genug von der Villa weg. Und ein Huhn werden Bombastis Eltern sicher nicht als gestohlen melden!«

Auf der Straße holte Latte Berta behutsam aus seiner Jacke hervor. »Berta! Ich bin ja so glücklich!«, jauchzte er und übersäte das Federvieh mit Küssen.

»Eine Frau wird's mal schwer mit dich haben, bei deiner Vogelliebe!«, kicherte Fischkopp.

Latte streckte ihm die Zunge raus. Rasch brachten sie Berta zurück in ihr Gehege und machten sich dann auf den Heimweg. Erschöpft, aber glücklich fiel Tom in sein Bett. In seiner Hand fühlte er noch immer Helles Händedruck. Und das war schön. Lächelnd schlief er ein.

Spiel auf Zeit

Den Sieg über den Hühnerdieb begossen die Legionäre natürlich mit viel Limonade. Doch die Zeit drängte jetzt, und Jürgen gönnte ihnen kaum eine ruhige Minute.

Am Mittwoch präsentierte er ihnen eine weitere seiner genialen Ideen.

»Doppelpass war gestern, wir spielen den Triopass!«, verkündete Jürgen. Mit einem Stock malte er Männchen in den Staub auf dem Hof und zog Striche zwischen ihnen.

»A spielt zu B, A rennt über links aufs Tor, B spielt zu C, B rennt rechts vorbei aufs Tor, C spielt zu A, A zu B, B schießt rein, alles klar?«

Die Striche auf der Erde nahmen eine verwirrende Vielzahl an, aber schließlich hatten sie verstanden, wie der Jürgen'sche Triopass funktionieren sollte: in der Hauptsache durch Kurzpassspiel und flinke Beine.

Jürgen ließ alle Offensivkräfte gegen die Abwehrspieler antreten. Nick, Tarek und Tom konnten so den Triopass üben, bis er ihnen in Fleisch und Blut übergegangen war.

Am Donnerstag erwartete er sie mit einem gespannten Lächeln.

»Um das Vertrauen in eure Mannschaftskameraden weiter zu steigern, habe ich mir ein neues Spiel ausgedacht«, begrüßte er die Legionäre.

Jürgen griff in die Tasche an seiner Rollstuhllehne und holte einen Filzball hervor.

»Was ist das?«, platzte Nick heraus.

»Ein fast normaler Fußball«, erklärte Jürgen. »Ich habe ihn mir bei unseren Blinden ausgeliehen.«

Er schüttelte den Ball, ein helles Glöckchen erklang.

»Aber wir können doch sehen«, meinte Jerome verwirrt.

»Noch!«, sagte Jürgen lachend. »Aber gleich wird es Nacht!«

Die Hälfte der Mannschaft musste sich mit Tüchern die Augen verbinden. Dann pfiff Jürgen ein Spiel an. Sechs Blinde wurden von sechs Sehenden über den Platz geführt. Zunächst stolperten sie noch vorsichtig vorwärts.

Helle führte Tom, so dass ihm doppelt komisch zumute war. Mit großen Hemmungen stakste er vorwärts. Wie ein Storch, dachte er. Zwar hörte er das Klingen des Glöckchens, aber er sah keine Möglichkeit, den Ball zu erreichen.

Den anderen schien es ähnlich zu gehen, denn nach einer Weile rief Jürgen: »Vertraut euch. Eure Partner werden euch sicher nicht gegen die Wand laufen lassen!«

Partner!, dachte Tom und lächelte. Er ließ alle Anspannung von sich abfallen und rannte auf den Ball zu. Helle lenkte ihn über den ebenen Platz – Tor!

Gemeinsam hatten sie es geschafft, ohne einen Mannschaftskollegen anzurempeln oder gar umzustoßen.

Nach etwa einer halben Stunde gelang es Tom mit Helles Hilfe immer besser, den Ball nur mit seinen Ohren zu orten und ihn sogar gezielt und mit genau dosierter Kraft so zuzupassen, dass ihn seine Mitspieler annehmen konnten.

In der Halbzeit wurden die Rollen gewechselt, und Tom führte nun Helle. Viel zu schnell ging die Zeit vorbei, in der er ihren Arm halten durfte.

Erstaunt stellte er fest, dass dieser Griff in Jürgens Trickkiste gewirkt hatte. Irgendwie fühlte er sich seinen Freunden viel näher als vor der Übung. Er ließ seinen Blick schweifen: Da war der kleine Fischkopp mit dem langen Gesicht. Mario mit der Brille. Helle mit ihrem tollen Lachen und der Kappe. Latte, der Lange mit dem abgebrochenen Zahn. Nick und Tarek, die Fußballverrückten. Bumm-Bumm-Bernhard mit dem Dynamit in den Beinen. Anthony der Gerechte und Jerome, ihr gewitzter Joker. Ravi, der Zauberer im Mittelfeld. Schreiner mit dem Bleistiftstummel hinterm Ohr. Und Jürgen, der aus dem Nichts aufgetaucht war – zum Glück!

Und Tom, der sich von einem störrischen Esel in einen wirklichen Mannschaftskapitän verwandelt hat, fügte er in Gedanken hinzu.

Wenn diese 13 keine Bäume ausreißen konnten, wer, bitte schön, dann?

Am Freitag, 30 Stunden vor dem Spiel gegen die Grimmigen, waren Fischkopps Rechenkünste bei einer Mathearbeit gefragt. Tom beobachtete ihn. Bei ihrem ersten Test hatte er mit leeren Augen vor dem Aufgabenzettel gehockt und das Heft angestarrt. Nun flog sein Füller geradezu über die Seiten.

Dr. Kress stolzierte wieder wie ein Feldherr durch den Klassenraum und schielte durch die Brille auf seine Schüler herab. Tom wich dem Blick aus und beugte sich über seine Aufgaben. Er hatte keine Probleme, sie zu lösen.

»Mann, ich hab alles gewusst!«, jubelte Fischkopp in der Pause. »Ich musste mir nicht mal anstrengen!«

»Die Legionäre gratulieren dir von ganzem Herzen!«, sagte Anthony mit feierlicher Miene.

Doch als sie wenig später im Musiksaal saßen, klopfte es energisch an der Tür. Zwei Sekunden später stand Dr. Kress im Raum, das Gesicht zornesrot angelaufen. Ohne ein Wort der Erklärung zeigte er auf Fischkopp, dann auf Tom und Tarek und sagte: »Mitkommen!«

Tom war sich keiner Schuld bewusst, trotzdem ging er mit einem unguten Gefühl im Bauch hinter dem Rektor her. Kaum hatten sie in seinem Büro Platz genommen, polterte ihr Lehrer: »So ein dreister Mogelversuch ist mir in meinen 29 Dienstjahren noch niemals untergekommen!« Er setzte die Brille ab, wieder auf, wieder ab und schnaubte dabei wie ein Rennpferd. »Alle drei null Fehler! Zu schön, um wahr zu sein, wenn ihr mich fragt!« Er zog ein Blatt aus seiner Schreibtischschublade hervor.

»Ich habe hier eine Kopie von deinem Test von vor zwei Wochen, Felix!«

Tom sah sich erstaunt um. Fischkopps richtigen Namen hatte er fast vergessen.

»Keine zwei Aufgaben richtig, und jetzt null Fehler? Wie erklärst du dir das?«

»Ich hab eben geübt«, stammelte Fischkopp hilflos.

»Geübt!« Kress lachte trocken. »Das kannst du deiner Großmutter erzählen, aber nicht mir. Mich könnt ihr nicht an der Nase herumführen.«

»Aber Fischkopp, ich meine Felix, sagt die Wahrheit!«

»Kein Wort glaube ich! So viel kann einer gar nicht üben! Auch wenn ich zugeben muss, dass du am Dienstag an der Tafel erstaunliche Fortschritte gezeigt hast. Nun, ich will also …« Er kam mit dem Kopf ganz nahe an die Gesichter der drei Jungen. »… euch eine Chance geben, eure Unschuld zu beweisen!«

»Danke, Doktor Kress!«, sagte Tom erleichtert.

»Ihr werdet am Montag einen weiteren Mathetest schreiben. Und ich rate euch im Guten: Setzt euch übers Wochenende besser auf den Hosenboden und lernt. Diesmal werdet ihr keine Möglichkeit haben zu mogeln.«

Tarek sprang auf. »Aber, das geht nicht!«

»Ach nein? Du musst ja nicht üben, Tarek. Den Test wirst du aber trotzdem schreiben!« Mit strengem Blick wies Dr. Kress zur Tür.

Tom spürte, wie sein Herz in die Magengrube rutschte. Jetzt war alles aus! Er hatte noch nicht einmal mehr die Kraft, um wütend zu werden. Sie würden am Samstag keine Zeit haben zu lernen. Doch sollten sie den Test nicht bestehen, würde Kress glauben, sie hätten gemogelt. So oder so, das Spiel hatte er ihnen verdorben!

»Und wenn ich Ihnen sofort das Gegenteil beweise?«, schlug Fischkopp da leise vor.

»Wie meinst du das?«, fragte Dr. Kress erstaunt.

»Na, wenn ich Ihnen jetzt was vorrechnen täte?«

Der Rektor schien einen Augenblick zu grübeln.

»Also gut«, meinte er dann. »Aber ihr anderen wartet vor der Tür, damit ihr nicht wieder vorsagen könnt!«

Mit einem flauen Gefühl stand Tom im Gang. »Meinst du, Fischkopp schafft es, uns rauszuhauen?«

Tarek zuckte mit den Schultern. »Weiß nicht. Wenn ich mit dem Kress alleine da drin wäre, würde ich keinen Ton herausbringen.«

»Wenn er versagt, ist der Ball futsch«, murmelte Tom und biss sich sogleich auf die Lippen.

Tarek nickte traurig. »Dann ist der letzte Rest von meinem Vater verschwunden.«

»Sag doch so was nicht!«, versuchte Tom ihn wieder

aufzubauen. »Er denkt bestimmt an dich, egal, wo er jetzt ist.«

»Und warum meldet er sich dann nicht? Früher sind wir jedes Wochenende ins Fußballstadion gefahren. Wir waren in München und Berlin, Dortmund und Stuttgart, in Mainz und auf Schalke. Spätnachts sind wir erst wieder nach Hause gekommen. Das kann er doch nicht alles vergessen haben!«

»Bestimmt nicht!«, sagte Tom.

Dann flog die Tür auf. Fischkopp trat mit einem strahlenden Grinsen heraus. Hinter ihm schritt Dr. Kress, nicht weniger freundlich.

»Meine Herren, ich muss mich bei Ihnen entschuldigen!«, sagte er munter.

Tom und Tarek sahen sich amüsiert an.

»Felix hat mir alles erzählt, von eurem Fußballplatz, dem Nachhilfeunterricht und dem Spiel morgen. Wenn ich das geahnt hätte! Kommt doch noch einmal rein!«

Wieder mussten sich die Legionäre in die tiefen Sessel setzen, doch dieses Mal fühlte sich Tom dabei viel besser. Beinahe wie ein echter Fußballstar.

Dr. Kress setzte sich hinter seinen Schreibtisch. Tom war, als hätte ein komplett anderer Mensch Platz genommen, so aufgedreht wirkte ihr Rektor plötzlich.

»Wisst ihr, ich war nicht immer Rektor dieser Schule!« Er schmunzelte. »Vor vielen, vielen Jahren, als ich selber noch Schüler war, wohnte ich mit meinen Eltern im

Ruhrgebiet und war glühender Schalke-Fan. Im Radio wurden nur die wichtigsten Spiele übertragen, die anderen Ergebnisse wurden lediglich vorgelesen. Die Fans waren gezwungen, montags die Berichte in der Zeitung zu studieren – so hab ich fauler Hund damals lesen gelernt.«

Er sah Fischkopp an. »Genauso wie du dem Fußball indirekt deine Rechenkünste zu verdanken hast!«

Der Rektor lachte, Fischkopp, Tom und Tarek grinsten sich an.

»Im Ruhrpott wurde damals der beste Fußball gespielt«, fuhr ihr Rektor fort. »Es gab noch keine Bundesliga, und der Deutsche Meister wurde in einem Endspiel ermittelt. 1955 schaffte es Rot-Weiß Essen, 1956 und 1957 Borussia Dortmund, aber 1958 hatte das Warten ein Ende: Schalke wurde Deutscher Meister, 3:0 gegen Hamburg. Als die Mannschaft im Gelsenkirchener Hauptbahnhof eintraf, war ich da, mit etlichen zehntausend anderen Fans, und jubelte. Berni Klodt, unser Kapitän, streckte die Meisterschale aus dem Zugfenster. Als die Lok stoppte, stand ich genau unter ihm und schaffte es, den Pokal zu berühren. Das war ganz unglaublich …«

Dr. Kress unterbrach sich in seinem Monolog und sah seine drei Schüler an.

»Gewinnt für mich!«, bat er sie unvermittelt. »Ich möchte noch einmal dieses Kribbeln spüren wie damals!«

»Heißt das, wir müssen keinen Test am Montag schreiben?«, fragte Tarek vorsichtig.

»Seid ihr verrückt? Ihr müsst doch spielen! Und deshalb gebe ich allen aus dem Team für den Rest des Tages frei!«, sagte Dr. Kress lächelnd.

Jubelnd rannten die Legionäre über den Schulhof, während ihre Klassenkameraden in der 5a und 5b weiterlernen mussten.

»Nu sieh sich einer den Fischkopp an«, feixte Latte. »Tut ganz harmlos, aber wenn's drauf ankommt, hat er Nerven wie Drahtseile!«

»Egal, ob Ratten vor ihm stehen oder unser lieber Rektor!«, rief Tom lachend.

»Wie hast du denn eigentlich in Ruhe rechnen können, bei dem Druck?«, erkundigte sich Schreiner.

»Ganz einfach«, erklärte Fischkopp. »Ich hab den Kress einfach gebeten, er soll in den Fragen ein paar Fußballer vorkommen lassen. So hat's dann geklappt!«

Lachend zogen sie zum Sägewerk.

Schock

Das Abschlusstraining am Freitagnachmittag lief optimal. Jürgen hatte noch einmal verschiedene Freistoßtricks einüben lassen, der Mannschaft sein Tannenbaumsystem erläutert und ihnen vor allem Mut zugesprochen. Dank des täglichen Dauerlaufs waren die zwölf Legionäre nun in der Lage, über 90 Minuten lang Jürgens kraftraubenden Fußball zu spielen, ohne völlig aus der Puste zu sein. Die Stürmer gingen in Zweikämpfe, die Abwehr schoss Tore, das Mittelfeld schien überall gleichzeitig zu sein, und Latte war dank Bertas Spezialtraining Weltspitze, auch bei flachen Bällen.

Erschöpft, aber glücklich nach diesem ereignisreichen Tag, fiel Tom in sein Bett und schlief sogleich ein.

Aber in den frühen Morgenstunden des Samstagmorgens kam ein Monster zu ihm. Das Monster hieß Angst.

Plötzlich war Tom aus dem Tiefschlaf hochgeschreckt. Sein Wecker zeigte Viertel vor sechs, aber sein Herz klopfte so stark, dass er trotz seiner Müdigkeit nicht wieder einschlafen konnte. Er blätterte in alten Fußballmagazinen, aber beim Anblick der tollen Tore, die die

Spielerstars schossen, wurde er noch nervöser. Er zog seine Comicsammlung hervor, aber die Superhelden machten ihm ebenfalls Bauchschmerzen. Er wühlte sich wie ein Maulwurf unter seine Bettdecke, aber das Monster verschwand einfach nicht.

Um sieben Uhr zog er sich an und ging in die Küche. Die Zeitung brachte die üblichen Vorberichte auf die Bundesligabegegnungen. Plötzlich stand sein Vater im Raum.

»Na, Cowboy, aus dem Bett gefallen?«, fragte er belustigt und begann, sich mit einer kleinen Blechkanne kompliziert den Kaffee aufzubrühen.

»Heut ist unser Spiel«, erklärte Tom.

»Weiß ich doch!«, antwortete sein Vater. »Was meinst du, warum ich jetzt schon zum Sender fahre? Wenn alles gut läuft, bin ich pünktlich im Stadion. Ich hab ja mit den Grimmigen auch noch eine Rechnung offen!«

Lachend pikste er sich mit seinem Zeigefinger auf die Brust, wo die Narbe saß. Dann wuschelte er Tom durch die langen Haare.

»Ihr macht das schon!«

Das Monster machte sich noch breiter. »Und wenn nicht?«

»Dann geht die Welt auch nicht unter«, versicherte sein Vater und nahm einen kräftigen Schluck aus seinem Becher. »Ihr habt spannende vier Wochen gehabt, viele neue Freunde gewonnen und echt was auf die Beine gestellt, auf das ihr stolz sein könnt. Wen interessiert da noch das Ergebnis?«

Das Monster platzte wie eine zerklatschte Papiertüte.

»Meinst du das ehrlich?«, fragte Tom erleichtert.

»Klar! Aber versucht wenigstens zu gewinnen, ja?! Hierfür!«

Er zeigte noch einmal auf seine Brust und ging.

Tom blieb grübelnd zurück. Er war sich nicht sicher, ob sein Vater mit seiner Geste nun die Narbe oder sein Herz gemeint hatte.

Eigentlich egal!, dachte Tom. Ich werde so oder so alles geben!

Um sich abzulenken, holte Tom seinen Ball und ging in den Garten. Wie früher baute er sich auf dem schmalen Rasenstück aus Schaufel und Harke seine Gegenspieler auf. Doch so sehr Tom seine Phantasie bemühte, die Gartengeräte blieben, was sie waren. Dieser Fußballplatz war ihm zu klein geworden, die Zuschauer blieben stumm. Lustlos kickte Tom den Ball hin und her.

»Darf ich mitspielen?«, quakte Hannes.

Zuerst wollte Tom ihn wieder wegschicken. Dann dachte er an das innige Verhältnis von Anthony und Jerome und daran, wie gut ihm das gefiel. Er winkte Hannes heran. Den ganzen Vormittag über zeigte er ihm seine besten Tricks am Ball. Hannes versuchte staunend, es ihm nachzumachen.

Zur Mittagszeit kam ihre Mutter auf die Terrasse, sie hielt das Telefon in der Hand.

»Telefon für dich, Tom!«

Da meldete sich das Monster wieder. Ein Anruf so kurz vor dem Spiel konnte nichts Gutes bedeuten.

»Ich bin's, Latte«, schnarrte es aus der Muschel. »Ich … Mein Vater hat mich erwischt!«

»Wobei?«

»Er hat ausgerechnet heute Morgen die Getränkekisten im Keller gezählt und gemerkt, dass vier Stück fehlen.«

Tom schluckte. Wann kam Latte endlich zur Sache?

»Und?«, fragte er.

»Na ja, das waren die Flaschen, die ich mit zum Training gebracht habe! Ich hab jetzt Hausarrest. Ihr müsst ohne mich spielen!«

Das war eine Bombe! Tom fühlte sich mit einem Mal wie zerrissen. Jeder im Team war ersetzbar. Fischkopp, Mario oder Schreiner, Helle, Anthony oder Bumm-Bumm-Bernhard, ja, sogar Ravi oder er selbst. Aber Latte? Ohne ihren Torwart konnten die Legionäre einpacken.

»Klage, mecker, fauche, bettle und fall auf die Knie – aber komm heute verdammt nochmal zum Spiel!«, japste Tom.

»Es nutzt nichts«, jammerte Latte. »Hab ich alles schon versucht. Ich drück euch die Daumen!«

Er legte auf. Das Klicken in der Leitung klang in Toms

Ohren wie ein Abschied für immer, wie ein Signal aus dem Weltraum von einer sich losreißenden Mondrakete.

Unruhig tigerte Tom durch das Haus.

»Verdammt, ohne Pocke am Fuß kann ich einfach nicht nachdenken!«, fluchte er schließlich und ging in den Garten.

Nach 23 Ballberührungen fand er die einzig mögliche Lösung und griff erneut zum Telefon. Eine halbe Stunde später waren alle am Treffpunkt.

»Die Legionäre sind gekommen, um Latte auszulösen!«, brüllten sie im Chor.

Der Wirt des *Fliegenden Hirschs* sah erstaunt auf die zehn Kinder, die sich im Halbkreis vor dem Tresen aufgebaut hatten. Wie Tom angeordnet hatte, trug jeder sein Trikot und die weiße Hose, dazu rote Strümpfe. Es war ein imposanter Anblick, fand Tom.

Der Zenturio streckte die Hand aus und ließ einen Haufen Münzen auf die Theke klimpern. Sie hatten ihr Taschengeld zusammengeworfen, jeder so viel, wie er konnte.

»Das sind 35 Euro und 63 Cent«, erklärte Tom. »Mehr haben wir im Moment nicht. Wenn es nicht reicht, bringen wir Ihnen in der nächsten Woche den Rest!«

Lattes Vater blickte verdutzt auf die Münzen, dann auf die Legionäre. Doch er schüttelte den Kopf. »Zechprellerei nennt man so was bei uns. Trinken und nicht bezahlen!«

»Aber wir haben davon nichts gewusst!«, rief nun Bernhard.

»Genau, Latte hat uns von Ihrer Großzügigkeit erzählt, und so dachten wir, Sie hätten den Sprudel für unser Training gestiftet!«, fügte Helle hinzu.

Wie schlau sie ist, dachte Tom. Wickelt den Mann um den Finger!

Tatsächlich sah Lattes Vater schon gleich etwas freundlicher aus.

»Gut, gut«, knurrte er. »Dann verkürze ich den Arrest auf zwei Wochen!«

»Auch wenn Sie ihn auf eine Woche verkürzen, bleiben wir hier stehen!«, meldete sich nun Nick zu Wort.

»Wir brauchen ihn doch heute. Einen besseren Torwart als Ihren Sohn gibt es nämlich in der ganzen Stadt nicht!« Natürlich war es wieder Helle, die dem Wirt Komplimente machte.

»Hört, hört!«, rief ein Gast aus einer verrauchten Ecke. »Wusste ja gar nicht, dass du so einen sportlichen Sohn hast!«

»Natürlich hab ich das!«, fauchte nun Lattes Vater zurück. »Und damit du das mit eigenen Augen sehen kannst, schmeiß ich dich jetzt raus!«

Der Mann stand perplex von seiner Bank auf.

»Ich schmeiß euch alle raus!«, brummte der Wirt noch mal. »Und mich selber auch. Mein Junge braucht unsere Unterstützung im Stadion!«

Jubelnd fielen sich die Legionäre gegenseitig um den Hals. Auch Latte stand sofort in der Schankstube. Offensichtlich hatte er das ganze Gespräch durch einen Türspalt belauscht. Eigenhändig klebte er ein Schild an die Tür der Gastwirtschaft:

Wegen Fußballfieber geschlossen.
Stammgäste werden im Stadion
an der Grimm-Schule erwartet.

»Ich wusste gar nicht, dass mein Alter so ein Fußballfan ist!«, rief er lachend.

»Ist doch klar, bei dem unersetzlichen Torwart als Sohn!«, meinte Helle kichernd.

»Wo ist denn eigentlich Mario?«, erkundigte sich Latte.

»Der muss noch Messe dienen«, erklärte Tarek. »Aber um zwei kommt er auch zum Stadion.«

Wie eine echte Bande zogen die elf Legionäre in ihren prächtigen roten Trikots durch die Stadt Richtung Grimm-Schule. Nicht wenige Leute drehten sich auf der Straße nach ihnen um und erhoben die Daumen oder wünschten »Viel Glück!«.

»Ich glaube, die ganze Aufregung war zu viel für mich«, meinte Anthony plötzlich. »Geht schon mal weiter, ich komm gleich nach.«

Mit einer Hand rieb sich der Junge über seinen Bauch. Besorgt hielt Jerome seine andere Hand.

»Mir ist speiübel«, stammelte Anthony. »Die Pommes von heute Mittag liegen mir wie ein Stein im Magen!«

Besorgt scharten sich seine Freunde um ihn. Anthony sah richtig blass aus unter seiner dunklen Haut. Mit längeren Pausen schaffte er es bis in die Umkleidekabine des Stadions. Dort wartete Jürgen bereits voll Ungeduld auf sie. »Wo wart ihr denn ...?« Weiter kam er nicht, denn plötzlich stürzte Anthony aufs Klo und musste sich übergeben.

Nicht auch noch das!, flehte Tom in Gedanken.

»Du musstest ja unbedingt diese alte Mayonnaise essen«, schimpfte ihn Jerome aus, während er die Klotür offen hielt. »Die war schon drei Monate abgelaufen!«

»Anthony«, sagte Jürgen besorgt, »wenn es dir etwas besser geht, ruhst du dich ein bisschen aus, am besten an der frischen Luft.«

Die ganze Mannschaft war wie vor den Kopf gestoßen. In der Kabine war es mucksmäuschenstill.

»Bis zum Spiel kommt der nicht mehr auf die Beine«, glaubte Jürgen. »Dann muss eben unser Joker von Anfang an stechen!«

Er rief Jerome und legte ihm die Hand auf die Schulter. »Hältst du 90 Minuten durch?«

»Klar!«, behauptete Jerome.

»Gut, dann raus mit euch. Ihr müsst euch ordentlich

warm machen, damit sich keiner eine Zerrung holt. Noch einen Mann können wir nicht ersetzen.«

Tom als Mannschaftskapitän stieg als Erster die Rampe zum Stadion hinauf. Als er aus dem Tor trat, stockte ihm der Atem: Auf den Sitzen warteten schon Hunderte von Zuschauern, viele rückten noch nach.

»Mann, ich bin platt!«, stöhnte Latte bei ihrem Anblick. »Die sind alle wegen uns hier, Langer«, verkündete Fischkopp lachend.

»Klar, und wegen denen da!«, gab Tarek zur Antwort und zeigte auf die Grimmigen, die auf das andere Tor schossen.

Mit klopfendem Herzen trabte Tom vor der Tribüne auf und ab und streckte seine Muskeln. Das Monster machte sich wieder in der Magengegend breit. 500 Zuschauer waren ziemlich genau 490 mehr, als er bisher im Höchstfall gehabt hatte.

»Wo bleibt denn Mario?«, brüllte er zu Jürgen an der Außenlinie. »In fünf Minuten ist Anpfiff!«

Der Trainer zuckte die Achseln.

Im letzten Moment kam Mario auf den Platz gestürmt.

»Mensch, mach mal dein Handy an!«, rief er Jürgen zu. »Ich hab die ganze Messe hindurch unter meinem Gewand eine SMS nach der anderen geschrieben!«

»Was war denn bloß los?«, erkundigte sich Tom hektisch.

»Ich musste bei einer Beerdigung einen kranken

Freund vertreten. Der Tote war leider irgend so ein hohes Tier, und jeder wollte eine Rede halten!« Mario grinste. »Wie gut, dass ich das Trikot schon drunter hatte, so habe ich keine Zeit beim Umziehen verloren!«

Tom starrte auf Marios feine Sonntagsschuhe. »Und die Stollenschuhe? Hast du die auch unter denen da drunter?«

Schlagartig wurde der Verteidiger kreidebleich. »Die? O Gott! Die stehen noch in der Sakristei!«

»Dann nimm die von Anthony!«, schlug Helle vor.

»Die sind mir mindestens vier Nummern zu groß!«

Jürgen pfiff auf den Fingern und winkte Nahu heran.

»Du musst uns einen Gefallen tun«, bat er. »Lauf zur Kirche und hol Marios Schuhe. Solange muss es so gehen, Mario!«

Kaum war Ravis Bruder aus dem Stadion geflitzt, als der Schiedsrichter die beiden Mannschaftskapitäne zu sich winkte. Die Zuschauer jubelten.

»Moment noch!«, rief Tarek. »Wir haben noch etwas zu erledigen!«

Er holte den Ball mit den Autogrammen aus seiner Sporttasche und hielt ihn den anderen entgegen. »Schwören wir!«, sagte er.

Die Spieler und ihr Trainer legten ihre rechte Hand auf den Ball.

»Ich schwöre, den Legionären treu zu sein, solange ich lebe!«, trug Tarek mit kraftvoller Stimme vor.

»Ich schwöre!«, schallte es aus elf Kehlen zurück. Dann klatschten sich die Legionäre ab.

Nick richtete sich an die Nationalspieler, die auf dem Ball unterschrieben hatten, als stünden sie neben ihm: »Wir werden euch keine Schande machen!«

Dann verteilten sie sich auf dem Feld, und Tom ging auf den wartenden Schiedsrichter und Bombasti zu.

Er war bereit! Das Spiel konnte beginnen!

Das große Spiel

Während die Münze des Schiedsrichters durch die Luft flog, wurde es rund um Tom still. Seine Augen folgten dem Geldstück, doch in Gedanken sah er noch einmal das Schild am Zaun des Schulsportplatzes, sah, wie sie zu fünft das überwucherte Gelände hinterm Sägewerk in einen Fußballplatz verwandelten und sah, wie sich die Mannschaft nach und nach vergrößerte. Sah, wie Jürgen auftauchte, mit seinen handfesten Sprüchen, und sah ihren Streit. Wie Ravi ging und zurückkehrte. Und er sah Helene, die alle zunächst für einen Jungen gehalten hatten, was er sich heute gar nicht mehr vorstellen konnte.

Ja, sie hatten wirklich etwas Großartiges auf die Beine gestellt! Ein warmes Gefühl durchfloss ihn. Heute würden sie gewinnen.

»Hey, Barbie! Du bist dran!«, riss ihn Bombasti aus seinen Gedanken.

Tom wählte die Seite. Die Grimmigen, ganz in Schwarz, hatten Anstoß. Es kostete Tom große Überwindung, aber er hielt dem Fiesling die Hand hin.

»Auf ein faires Spiel!«

»Möge der Bessere gewinnen!«, gab ihm Bombasti zur Antwort. »Also wir!«

Die Hand schüttelte er nicht.

»Hoffentlich blamieren wir uns nicht zu arg«, murmelte Tarek, auch Nick seufzte.

Dann pfiff der Schiedsrichter an. Sofort brauste im Stadion Jubel auf. Jürgen stand ruhig an der Außenlinie und beobachtete die ersten Spielzüge.

Carlos stupste den Ball im Anstoßkreis zu Mike. Bombasti flitzte sofort zum Tor und erwartete die Flanke. Doch Mike wollte anscheinend erst sein Können zeigen. Mit einem Dribbling auf der linken Seite ließ er Tarek aussteigen. Aber Ravi überquerte den halben Platz und grätschte den Ball ins Aus.

»Richtig so!«, rief Jürgen. »Brutal gegen den Ball!«

Verblüfft überließ Mike einem Kameraden den Einwurf.

Der Junge warf den Ball Richtung Tor zu einem Mitspieler und trabte ruhig auf seinen Posten in der Abwehr zurück.

Der angespielte Grimmige lief ein paar Schritte an der linken Außenlinie entlang, dann flankte er im Bogen zehn Meter vors Tor. Bombasti setzte sich im Luftkampf mühelos gegen Fischkopp durch und nickte zum 1:0 ein.

Die Zuschauer jubelten. Tom spürte es deutlich: Die Leute waren gekommen, um den Goldenen Jahrgang siegen zu sehen. Für die Legionäre gab es nur gutgemeinten

Applaus von ihren Eltern und Klassenkameraden. Ihm wurde schlagartig klar, dass sie sich die ganze Zeit etwas vorgemacht hatten. Wie hatte er nur annehmen können, dass innerhalb von knapp vier Wochen aus zwölf Möchtegernkickern eine Mannschaft werden konnte, die die Grimmigen bezwang? Dieses Spiel würde genauso ausgehen wie alle anderen: Der Goldene Jahrgang würde gewinnen, sie verlieren.

Es war aussichtslos.

Jetzt hatten die Roten Anstoß. Helle und Bernhard standen im Kreis. Mit dem Pfiff des Schiedsrichters schwärmten Nick, Tarek und Ravi in die Hälfte der Schwarzen aus. Die Grimmigen erwarteten wohl einen Flugball. Bernhard und Helle spielten sich aber den Ball mit kurzen Pässen zu und jagten so an den vier gegnerischen Stürmern vorbei. Bombasti und Mike machten keine Anstalten, ihnen zu folgen, sondern blickten sich nur zu ihren Hintermännern um. In Tom loderte wieder ein Fünkchen Hoffnung auf.

»Jetzt ein 1:1, und wir drehen den Spieß um!«, murmelte er vor sich hin. Doch ein blonder Abwehrspieler rutschte in den Ball. Er passte einem anderen Grimmigen zu, der nun vollkommen freie Bahn hatte. Tom beobachtete hilflos, wie die Flanke des anderen quer über den Platz segelte und genau auf Bombastis Fuß landete. Mario rannte auf ihn zu, rutschte aber dann auf den glatten Sohlen seiner Sonntagsschuhe an dem Stürmer vorbei. Der verwandelte eiskalt. »Macht 2:0!«, rief Bombasti grinsend und nahm gelassen die Gratulationen seiner Mannschaftskameraden entgegen.

»Nicht aufgeben!«, rief Jürgen. »Weiterkämpfen!«

Tom versuchte, trotz der aussichtslosen Lage seinen ganzen Mut zu sammeln und sich mit eisernem Willen in die Zweikämpfe zu werfen. Häufig stürmten die Legionäre mit ihrem Kurzpassspiel gefährlich nah vor das Tor der Grimmigen. Doch im letzten Moment war immer ein Bein dazwischen.

Meistens kamen sie aber gar nicht so weit. Die Grimmigen hielten sie wie Kletten in der eigenen Spielhälfte.

Vor allem Latte war es zu verdanken, dass die Legionäre nicht schon in der ersten Halbzeit völlig untergingen. Der lange Torwart flog durch den Strafraum, faustete, klatschte ab, hielt, wer auch immer schoss. Einmal klaubte er sogar dem anstürmenden Bombasti frech den Ball vom Fuß weg

»Super, Latte!«, rief Jürgen. »Weltklasse!«

Kurz vor der Halbzeitpause köpfte Mike der Muskel nach einem Solo von Carlos den Ball doch noch zum 3:0 an Latte vorbei ins Netz. Die Zuschauer klatschten. Die Galavorstellung der Grimmigen gefiel ihnen offenbar.

Der Schiedsrichter sah auf die Uhr und pfiff zur Pause.

Lässig wie nach einem Spaziergang trabten die Grimmigen vom Platz. Begeisterte Bravo-Rufe begleiteten sie. Die Legionäre wurden mit höflichem Applaus von ein paar Eltern verabschiedet. Tom schlich wie ein geprügelter Hund in die Kabine.

»Mann, ich bin platt wie ne Briefmarke!«, stöhnte Fischkopp.

»Die sind einfach zu gut!«, stöhnte Tarek verzweifelt. Jeden Fehler bestrafen sie sofort mit einem Tor!«

Erschöpft ließen sich die Legionäre auf die Bänke sinken. Mario zog seine Fußballschuhe an, die Nahu gebracht hatte.

»Dann dürfen wir eben keine Fehler mehr machen!«, verkündete Helle da trotzig. »Ich bin nicht hergekommen, um aufzugeben!«

»Es wird nichts nutzen!«, glaubte Tom niedergeschlagen.

Ein Klopfen an der Tür ließ sie herumfahren. Ein korpulenter kleiner Mann mit Halbglatze trat ein.

»Papa!«

Tarek sprang auf und schmiss sich dem Mann in die Arme. Nick folgte seinem Bruder, gab seinem Vater aber nur förmlich die Hand.

»Eure Mutter hat mir von dem Spiel erzählt. Wollte euch überraschen!«, meinte ihr Vater verlegen.

Jürgen rollte auf ihn zu. »Die Überraschung scheint Ihnen geglückt zu sein.«

»Mensch, ich muss euch doch die Daumen drücken! Toll, wie ihr spielt! Kurzpass, Pressing, totaler Fußball, alles ganz modern!«, lobte er die Jungen.

Tarek starrte seinen Vater an. »Und du findest nicht, dass die Grimmigen besser sind?«

Sein Vater winkte ab.

»I wo! Die können vielleicht besser spielen, sind aber viel zu arrogant. Erinnern mich an die Holländer 1974 im WM-Finale. Sie wussten, dass sie die besten Fußballer der Welt sind. Wollten die deutsche Elf im eigenen Land erniedrigen – und wie das ausging, wisst ihr ja. 2:1 für Deutschland. Davon träumen die Holländer in ihren dunkelsten Nächten heute noch!«

Tom sah den Mann durchdringend an. Meinte er das ernst, oder wollte er sie nur aufmuntern?

Jürgen klatschte. »Natürlich sind die Grimmigen die besseren Fußballer!«, erklärte er.

»Aber wir haben vieles, was ihnen fehlt: Teamgeist! Freundschaft! Ehrlichkeit! Und sie spielen nur mit den Füßen, wir mit dem Herzen! So kann man auch große Gegner besiegen. Sie sind die Grimmigen – wir sind … die furchtlose Elf!«

Die furchtlose Elf, ja, die waren sie, dachte Tom stolz. Das hatten sie in den vergangenen Wochen ausreichend bewiesen.

»Sieg der furchtlosen Elf!«, rief er.

»Sieg!«, antworteten ihm seine elf Freunde.

»Moment noch! Ich stelle noch Positionen um!«, erklärte Jürgen, als sie sich schon zum Gehen wandten. »Nick und Tarek tauschen Platz und Trikot! Ich bin gespannt, wie die Grimmigen gucken, wenn ihre Gegenspieler plötzlich mit dem anderen Fuß schießen!«

Sie lachten in diebischer Vorfreude, und ihr Vater klopfte seinen Söhnen auf die Schultern.

»Und Jerome, du machst deine Sache ganz toll«, lobte Jürgen. »Versuche jetzt einmal, aus der Abwehr heraus bis vor deren Tor zu laufen. Damit rechnet keiner!«

Jürgen klatschte alle ab. Als Tom bei ihm war, hielt er seine Hand fest.

»Du spielst sehr gut!«, sagte er ernst.

»Ich hab doch noch gar kein Tor geschossen!«, antwortete Tom betrübt.

»Aber du spielst für die Mannschaft, holst viele Bälle und kämpfst. Das ist viel mehr wert. Und jetzt greifen wir an!« Ja!, durchfuhr es Tom. Den Grimmigen zeigen wir's!

Die Grimmigen trabten vor ihnen ins Stadion zurück. Die Zuschauer klatschten.

Bevor Tom zum Schiedsrichter laufen konnte, hielt ihn Rektor Kress auf.

»Ihr werdet doch gewinnen, oder?«, fragte er sorgenvoll.

»Klar!«, antwortete Tom, und jetzt glaubte er endlich, was er sagte. »Sie können sich auf uns verlassen!«

Die furchtlose Elf

Tom stand mit Ravi im Mittelkreis. Als er den Fuß auf den Ball stellte, wurde er von einer Welle des Glücksgefühls überspült. Vor Hunderten von jubelnden Zuschauern Fußball spielen, das war es doch, was er immer wollte. Jetzt durfte er!

Sofort nach dem Pfiff passte Tom Ravi zu und rannte los. Der lenkte den Ball direkt weiter auf Tarek, der jetzt auf der linken Seite spielte.

Tarek wartete keine Sekunde, er spielte in die Mitte zurück, wo nun plötzlich sein Bruder auftauchte. Die Grimmigen umkurvten sie wie Slalomstangen. Keiner von ihnen hatte eine Chance, den Ball auch nur zu berühren. Erst bei Big Ben war Schluss. Tom feuerte einen Schuss ab, doch der Torwart der Grimmigen riss rechtzeitig die Fäuste hoch.

Tom blieb geknickt stehen. Tatenlos sah er zu, wie die Grimmigen mit traumhaften Kombinationen das Mittelfeld überbrückten und Bombasti abermals den Ball zum 4:0 an Latte vorbeischob.

Es hatte alles keinen Zweck! Wir sind den Grimmigen einfach nicht gewachsen, dachte Tom.

Als ahne er die Gedanken seines Kapitäns, rollte Jürgen an der Außenlinie auf Tom zu.

»Nicht aufgeben jetzt! Ihr wart nah dran, weiter so und kämpfen, um jeden Ball! Bringt jetzt den Triopass!«

Tom nickte. Beim Anblick seines Freundes, der an ihn glaubte, konnte er gar nicht anders. Vom Anstoß weg rotierten Tom, Nick und Ravi auf das Tor der Grimmigen zu. Ihre Gegenspieler wussten nicht, wo sie zuerst hingucken sollten. Die Legionäre waren einfach immer einen Schritt schneller. Nick drehte eine Pirouette, ließ dabei zwei Gegner aussteigen und passte flach vor Tom, der Richtung Elfmeterpunkt eilte.

Tom wollte direkt abziehen, doch Big Ben baute sich wie eine Schrankwand vor ihm auf. Ein Haken, und er rennt ins Leere, schoss es dem Zenturio durch den Kopf. Da hörte er hinter sich einen Schrei:

»Gib mich die Kirsche!«

Ohne nachzudenken, legte Tom mit der Hacke ab. Fischkopp erwischte den Ball in vollem Lauf. Big Ben konnte sich so lang machen, wie er wollte: Der Schuss war unhaltbar!

Tom riss die Arme in die Luft und drehte sich um. Der erste Torschütze der Legionäre war Fischkopp!

Erstaunt über seine Tat, stand er auf dem Platz und traute sich nicht, sich zu bewegen, als fürchtete er, aus seinem Traum aufzuwachen.

Die Roten stürzten sich auf ihn.

»Weltklasse, Felix!«, gratulierte Tom.

Die Zuschauer jubelten. Jetzt merkte Tom auch, dass sie nicht aus Mitleid klatschten. Viele waren auf ihrer Seite – das machte Mut!

»Das war dein Gegenspieler, Bombasti!«, hörte Tom Carlos im Mittelkreis knurren.

»Halt's Maul!«, schimpfte der Kapitän der Grimmigen zurück. »Schieß lieber selber mal ein Tor!«

Kaum hatten die Grimmigen den Ball berührt, lief Ravi ihn ab und zeigte ein Solo, das alle Zuschauer den Atem anhalten ließ: Er umkurvte mehrere Grimmige, übersprang ein ausgestrecktes Bein und flankte.

Die Abwehr hatte wieder einen kurzen Pass erwartet und rutschte in die falsche Richtung. Tarek hatte Zeit, den Ball anzunehmen. Wie im Training ging er ein paar Schritte aufs Tor zu und gab dann an Ravi zurück. Ravi, mittlerweile in der Mitte, leitete ihn im Flug mit dem Außenrist nach rechts an Nick weiter. Der hob ihn volley über den herauseilenden Big Ben.

Tor! 4:2!

»Ich hab mich noch nie so leicht gefühlt!«, rief Nick grinsend. »Danke, Ravi!«

Zehn Minuten lang trieben sich die Mannschaften rund um die Mittellinie hin und her. Bombasti und seine Männer versuchten, ihr brillantes Spiel aufzuziehen, doch spätestens nach zwei Stationen stand ihnen ein Legionär im Weg.

»Was macht ihr denn da, verdammte Hühnerkacke!«, brüllte Bombasti über den ganzen Platz. Er schubste einen seiner Abwehrspieler aus vollem Lauf um. »Wenn die Pfeifen noch mal durchkommen, kleb ich dir eine!«

Ravi startete zu einem neuen Angriff in die Hälfte der Grimmigen. Mike rutschte ihm mit gestrecktem Bein entgegen, doch Ravi übersprang es locker. Der Abwehrspieler, der eben noch herumgeschubst worden war, konnte jedoch klären.

»Weiter jetzt!«, brüllte Bombasti wieder. »Die machen wir platt!«

Tatsächlich fiel kurz darauf das 5:2 für die Grimmigen. Doch die meisten Zuschauer pfiffen. Offensichtlich hatten sie die Unsportlichkeit von Bombasti beobachtet und die Seiten gewechselt.

In Bombastis Augen erkannte Tom grenzenlose Wut über die ungewohnten Pfiffe. Er war Jubel gewohnt, das war klar.

Und er bekam noch mehr Grund, sich zu ärgern: Nach einem tollen Solo von Fischkopp über die linke Außenbahn bediente Ravi aus vollem Lauf Helle in der Mitte. Die zögerte nicht lang und schob den Ball ins Tor. 5:3!

»Wie gut, dass wir Mädchen im Team haben!«, rief Tom so laut, dass es Bombasti hören musste. Amüsiert sah er, wie Bombasti die Fäuste ballte.

Nach mehreren Sturmläufen, die alle bei Big Ben endeten, schoss Tarek das 5:4. Die Vorlage hatte Mario geliefert, der über den halben Platz geeilt und völlig frei an der Seitenlinie aufgetaucht war.

Urplötzlich wurde es im Publikum laut. Tom blickte zur Tribüne und sah Anthony auf der Laufbahn stehen. Es ging ihm offenbar wieder viel besser, denn er hatte sich ein orange-weiß gestreiftes Verkehrshütchen besorgt und hielt es sich an den Mund.

»Jetzt wollen wir mal ein bisschen Stimmung machen!«, rief er den Zuschauern zu. »Ich gebe das Kommando. Alle mir nachsingen: ›Auf geht's, Römer, schießt ein Tor!‹«

Und tatsächlich: Einige Schüler brüllten die Parole aus Leibeskräften mit. Jedes Mal, wenn sie am Ende angekommen waren, klatschten sie rhythmisch in die Hände. Auch ein paar Erwachsene ließen sich anstecken. Die Zuschauer fieberten mit den Legionären mit. Sie spürten wohl, dass es hier noch richtig spannend werden konnte.

»Weiter so, Leute!« Tom klatschte aufmunternd in die Hände.

Doch plötzlich wollte wieder nichts mehr gelingen. Sowohl Tom als auch die Zwillinge blieben in der Abwehr hängen. Ravi stand abseits, Jerome ließ den Ball ins Aus laufen.

Trotzdem hörten die Zuschauer nicht auf, sie anzufeuern. Im Gegenteil. Immer mehr und mehr stimmten in die Gesänge ein, die Anthony ihnen vorgab.

Alle diese Leute sind auf unserer Seite, dachte Tom wie im Rausch.

Die Zuschauer brüllten: »Legionäre vor, noch ein Tor!«

Da bot sich Tom die Möglichkeit, ihnen diesen Wunsch auch zu erfüllen. Weil Nick, Tarek und Ravi mit ihm zusammen vor dem Tor aufgetaucht waren, wusste die Abwehrreihe der Grimmigen offensichtlich nicht, wem sie den Weg abschneiden sollte.

Zwei von ihnen liefen sich gegenseitig um, und Tom hatte freie Bahn auf das Tor von Big Ben. Schon war er im Sechzehner. Wie von fern hörte er Anthony einen neuen Kanon anstimmen. Die eine Hälfte des Stadions rief »Zentu-«, und die Gegenseite antwortete mit »ri-o!«.

Tom lief eine Gänsehaut über den Rücken. Jetzt machst du dein Tor, und die Welt kann untergehen!, dachte er.

Da traf ihn ein Tritt am Knie. Mit einem Schrei sackte Tom zusammen. Im Stadion verstummte jeder Gesang.

Der Schiedsrichter stürmte sofort mit der gelben Karte auf Bombasti zu und zeigte auf den Elfmeterpunkt.

»Was soll das?« Big Ben war aus seinem Tor herausgeeilt. »Wir wollen fair gewinnen oder gar nicht!«, fauchte er Bombasti ins Gesicht.

Mehrere Grimmige nickten, doch Bombasti spuckte auf den Boden.

»Halt du deine Klappe!«, keifte er den Torwart an. »Wenn du mal einen halten würdest, müssten wir nicht foulen!«

Tom sah, wie der Torwart in Rage geriet. Wütend funkelten sich die beiden Streithähne an. Big Ben wollte gerade nachgeben und ins Tor zurückgehen, da gab ihm Bombasti eine schallende Ohrfeige.

»Jetzt reicht's aber, Freundchen!«, schritt der Schiedsrichter ein. Er griff in seine Hosentasche, zog die rote Karte hervor und hielt sie Bombasti unter die Nase.

»Das können Sie mit mir nicht machen«, brüllte Bombasti zurück.

Der Schiedsrichter blieb hart. »Runter vom Platz! Wegen Unsportlichkeit gegen den eigenen Mann!«

Bombasti verschränkte die Arme. »Ich denke gar nicht dran!«

Alle Zuschauer, auch die, die anfangs für die Grimmigen gejubelt hatten, starteten ein ohrenbetäubendes Pfeifkonzert.

»Dann breche ich das Spiel hier ab!«, antwortete der Schiedsrichter streng.

»Nicht nötig«, rief ihm Big Ben zu und winkte seine Mannschaftskollegen heran. Gemeinsam brachten sie den protestierenden Bombasti in die Kabine und schlossen die Tür von außen ab.

Nach der langen Unterbrechung war Tom wieder auf den Beinen. Zwar schmerzte das Knie noch, aber er konnte seine Mannschaft jetzt nicht alleine lassen. Er nahm den Ball und legte ihn sich auf dem Elfmeterpunkt zurecht.

»Bernhard schießt!«, rief ihm Jürgen zu.

Tom drehte sich um und musterte seinen Trainer, der 20 Meter entfernt an der Außenlinie saß. Warum Bernhard?, dachte er. Kann ich es etwa nicht? Er zögerte noch einen Augenblick, doch dann trat er einen großen Schritt zur Seite. »Natürlich schießt Bernhard, wer denn sonst!«

Bernhard stakste zum Tor, Tom klopfte ihm auf die Schulter. »Du machst das, Berni!«

Anthony hatte einen neuen Spruch erfunden, nach und nach stimmten die Zuschauer ein: »Bumm-Bumm-Bernhard, Bumm-Bumm-Bernhard, Bumm-Bumm-Bernhard!«

Bernhard lief an und hämmerte den Ball mit einer solchen Geschwindigkeit ins Tor, dass Big Ben nicht einmal zuckte.

Jetzt glich das Stadion einem Tollhaus. »Bumm-Bumm-Bernhard, Bumm-Bumm-Bernhard, Bumm-Bumm-Bernhard!«

Das 5:5 war geschafft! Tom war glücklich! Zwar hatte es nicht für den Sieg gereicht, aber der Goldene Jahrgang hatte in der zweiten Halbzeit fünf Tore kassiert! Das war noch niemandem gelungen!

»Abpfeifen!«, brüllte Jürgen von der Linie aus dem Schiedsrichter zu und fuchtelte wild mit den Armen herum, doch der zeigte noch eine Minute Nachspielzeit an.

»Verteidigen, mit Mann und Maus!«, gab Tom als Taktik aus.

Acht Grimmige rannten auf sie zu. Der letzte Angriff, das war allen klar. Sollten sie das Unmögliche schaffen und das Unentschieden halten können?

Jubel brandete auf, als Jerome Carlos den Ball abnahm. Er sah sich nach einem Mannschaftskollegen um, doch wie Tom angeordnet hatte, standen alle im eigenen Sechzehner.

»Lauf, Jerome, lauf!«, rief ihm Anthony von der Außenlinie zu.

»Lauf, Jerome, lauf!«, brüllten auch alle Zuschauer. Mit dem Ball am Fuß rannte Tonys kleiner Bruder über den Platz, direkt auf Big Ben zu. Der riesige Torwart eilte aus seinem Tor und wedelte mit den Armen, um den Kleinen nervös zu machen. Jerome zögerte gerade so lange, bis der Torwart direkt vor ihm stand. Dann schob er ihm den Ball zwischen den Beinen durch.

Der Ball rollte und rollte und rollte. Und plötzlich war er drin, und der Schiedsrichter pfiff das Spiel ab.

Im Stadion brach die Hölle los.

Abpfiff

Jerome sah sich hilfesuchend um.

Während die Grimmigen gedemütigt auf den Rasen niedersanken, eilten die Legionäre zu ihrem Joker. Die Spielertraube hob ihn auf ihre Schultern. Jürgen kam ihnen entgegen, und Nick und Tom zogen ihn aus seinem Rollstuhl und hievten auch ihn hoch. Im Triumphzug liefen sie durch das ganze Stadion. Der Vater der Zwillinge reihte sich ein, andere stolze Eltern folgten. Selbst Dr. Kress machte bei der Polonaise auf der Tribüne mit, nachdem er die zahlreichen Gratulationen für seine Schüler entgegengenommen hatte.

Immer und immer wieder mussten die Legionäre auf den Platz kommen und wurden von Jubelstürmen begrüßt. Schließlich luden sie alle Freunde und Eltern zu einer spontanen Siegesfeier ein.

Die Party fand am alten Sägewerk statt, wo sonst?

So viele gutgelaunte Leute hatte Tom noch nie auf einem Haufen gesehen!

Lattes Vater spendierte großzügig zehn Kisten Limonade und Rektor Kress 200 Würstchen, die Schreiner auf den Kohlen der Dampflok grillte. Schräubchen, der Hausmeister, half ihm dabei.

Als Tom den Eindruck hatte, dass sie vollzählig seien, schwang er sich mit einem Satz auf die Laderampe des Sägewerks. Augenblicklich wurde es still.

»Liebe Freunde, Eltern, Geschwister und Lehrer. Und liebe Grimm-Schüler!«, begann er seine Rede. »Wer sagt, Fußball sei nur ein Spiel, der hat nichts begriffen!«

»Genau!«, grölte Latte.

»Trotzdem muss ich sagen, dass der Preis für den Sieg heute noch schöner ist, als das Spiel selber: Frieden zwischen unseren Schulen!«

»Bravo!«, rief Dr. Kress dazwischen. Auch Schulleiter Johansson, der ebenfalls gekommen war, klatschte.

Big Ben stieg die Rampe zu Tom hinauf und reichte ihm die Hand.

»Frieden!«, sagte er.

Die Legionäre johlten.

»Außerdem möchte ich allen Gästen verkünden«, fuhr Ben fort, »dass unser Mannschaftsrat Sebastian einstimmig aus dem Team ausgeschlossen hat. Unfaire Sportler sind keine Sportler!«

Es ist zu schön, um wahr zu sein!, dachte Tom, als er über den Platz sah. Nick und Tarek unterhielten sich mit ihrem Vater, Marios Mutter plauderte angeregt mit seiner Mutter, Fischkopp erzählte Carlos einen Witz, dass der laut lachte, Lattes Vater strich seinem Sohn über den Kopf. Schräubchen und Schreiners Vater prüften die Spielgeräte mit kritischem Blick und nickten anerkennend. Es ist schon unglaublich, was so ein einfaches Spiel alles auslösen kann!

Auf einmal kam Ravi auf ihn zu. Mit feierlicher Miene versprach er, sich ab jetzt richtig anzustrengen, um zu seinen Freunden auf die Schule zu kommen. Tom lächelte glücklich. Und als er hörte, wie Rektor Kress in das Mikrophon, das Toms Vater ihm unter die Nase hielt, sprach: »Das ist das schönste Spiel seit 1958. Ja, ich habe geweint!«, – da musste Tom einen Zenturioschrei von sich geben, sonst wäre er vor Glück geplatzt.

Nur Jürgen stand in seinem Rollstuhl abseits. Tom ging zu ihm. »Warum guckst du denn so betrübt aus der Wäsche?«

»Ich muss dir was beichten«, sagte Jürgen. »Ich habe euch beschissen!«

»Wann?«

»Gleich am Anfang. Brehme hat zwar in die rechte Ecke geschossen, aber vom Torwart aus gesehen ... also eigentlich in die linke! Ich hab's mittlerweile nachgelesen.« Er lachte verlegen. »Aber ich dachte, wenn ich zugebe, dass ich es nicht genau wusste, werft ihr mich hochkant wieder raus.«

Tom musste auch lachen und fiel Jürgen um den Hals.

»Wie gut, dass ich es selbst nicht wusste und auch nur geblufft habe. Ohne dich als Trainer hätten wir nämlich eine ordentliche Klatsche gekriegt!«

Als es dämmerte, stellte Tom überall Kerzenstummel

auf, die bei der Mutprobe übrig geblieben waren. Dabei fand er Helle im Führerhaus der Dampflok. Er hockte sich zu ihr.

»Ein bisschen schade ist es ja schon, dass das Spiel nun gelaufen ist«, sagte sie zögerlich.

»Warum?«

»Jetzt treffen wir uns gar nicht mehr jeden Nachmittag!«

Tom überlegte einen Augenblick. Helles Worte kribbelten in seinem Bauch.

»Was hast du denn sonst noch für Hobbys?«, fragte er dann.

»Wir können ja mal ins Kino gehen!«, antwortete Helle. »Es muss auch nicht unbedingt ein Fußballfilm sein!«

Nein, dachte Tom bei sich, kein Film kann eine so gute Geschichte erzählen, wie die furchtlose Elf sie in den letzten vier Wochen erlebt hatte. Und wenn schon, müsste Helle eindeutig die Hauptrolle kriegen!

Auftakt zu einer tierisch komischen Trilogie

In einer gemütlichen Höhle leben drei kleine Erdmännchen und ihr Onkel Erwin. Der war einst König der Wüste, aber dann hatte er ... nun ja, etwas Pech. Am liebsten erzählt er Geschichten aus seiner glorreichen Zeit bei den seltsamen Blah-Blahs, den Menschen. Ob die drei ihm glauben sollen? Doch dann entdecken sie im Sand ein geheimnisvolles Objekt, und ehe sie sich versehen, sind sie mittendrin in einem fellsträubenden Abenteuer ...

Witzig, warmherzig und spannend!

Ian Whybrow
Erwin, König der Wüste
Ein Erdmännchen-Abenteuer
Aus dem Englischen
von Ilse Rothfuss
Mit Bildern von Sam Hearn
Umschlagzeichnung von
Ute Krause
Band 81200